"十二五"职业
教育国家规划教材
经全国职业教育
教材审定委员会审定

职场礼仪与沟通训练

ZHICHANG LIYI YU GOUTONG
XUNLIAN

办公室文员专业

陈晓林 主编　邵岩　郑艳玲 副主编

高等教育出版社·北京

内容简介

　　本书是"十二五"职业教育国家规划教材，依据教育部《中等职业学校办公室文员专业教学标准》，并参照文员行业标准，结合文员和秘书岗位工作实际与中等职业学校文秘类专业教学实践编写而成。本书也是经人力资源和社会保障部职业技能鉴定中心认定的职业院校"双证书"课题实验教材。

　　本书主要内容包括：职场礼仪与职场沟通两个模块，共设置 8 个项目，25 个任务。本书 8 个项目分别为职场形象礼仪、职场求职礼仪、职场办公礼仪、职场社交礼仪、沟通心理素质训练、沟通中"听"的技巧、沟通中"说"的技巧、人际沟通技巧。

　　本书可作为中等职业学校办公室文员、文秘、商务助理专业教学用书，也可作为实际岗位工作人员的培训用书和相关从业人员的自学用书。

　　本书配有学习卡资源，请登录 Abook 网站 http://abook.hep.com.cn/sve 获取相关资源。详细说明见本书"郑重声明"页。

图书在版编目（CIP）数据

职场礼仪与沟通训练/陈晓林主编. --北京：高等教育出版社，2015.6（2021.2重印）
ISBN 978 - 7 - 04 - 042734 - 9

Ⅰ.①职… Ⅱ.①陈… Ⅲ.①心理交往-礼仪-中等专业学校-教材 Ⅳ.①C912.1

中国版本图书馆 CIP 数据核字（2015）第 101117 号

| 策划编辑　周　钢 | 责任编辑　周　钢 | 封面设计　张申申 | 版式设计　杜微言 |
| 责任校对　王　雨 | 责任印制　存　怡 | | |

出版发行	高等教育出版社	咨询电话	400 - 810 - 0598
社　　址	北京市西城区德外大街 4 号	网　　址	http://www.hep.edu.cn
邮政编码	100120		http://www.hep.com.cn
印　　刷	唐山嘉德印刷有限公司	网上订购	http://www.landraco.com
开　　本	787mm×1092mm　1/16		http://www.landraco.com.cn
印　　张	9.75	版　　次	2015 年 6 月第 1 版
字　　数	210 千字	印　　次	2021 年 2 月第 6 次印刷
购书热线	010 - 58581118	定　　价	18.20 元

出版说明

　　教材是教学过程的重要载体，加强教材建设是深化职业教育教学改革的有效途径，是推进人才培养模式改革的重要条件，也是推动中高职协调发展的基础性工程，对促进现代职业教育体系建设，提高职业教育人才培养质量具有十分重要的作用。

　　为进一步加强职业教育教材建设，2012 年，教育部制订了《关于"十二五"职业教育教材建设的若干意见》（教职成〔2012〕9 号），并启动了"十二五"职业教育国家规划教材的选题立项工作。作为全国最大的职业教育教材出版基地，高等教育出版社整合优质出版资源，积极参与此项工作，"计算机应用"等 110 个专业的中等职业教育专业技能课教材选题通过立项，覆盖了《中等职业学校专业目录》中的全部大类专业，是涉及专业面最广、承担出版任务最多的出版单位，充分发挥了教材建设主力军和国家队的作用。2015 年 5 月，经全国职业教育教材审定委员会审定，教育部公布了首批中职"十二五"职业教育国家规划教材，高等教育出版社有 300 余种中职教材通过审定，涉及中职 10 个专业大类的 46 个专业，占首批公布的中职"十二五"国家规划教材的 30% 以上。我社今后还将按照教育部的统一部署，继续完成后续专业国家规划教材的编写、审定和出版工作。

　　高等教育出版社中职"十二五"国家规划教材的编者，有参与制订中等职业学校专业教学标准的专家，有学科领域的领军人物，有行业企业的专业技术人员，以及教学一线的教学名师、教学骨干，他们为保证教材编写质量奠定了基础。教材编写力图突出以下五个特点：

　　1. 执行新标准。以《中等职业学校专业教学标准（试行）》为依据，服务经济社会发展和产业转型升级。教材内容体现产教融合，对接职业标准和企业用人要求，反映新知识、新技术、新工艺、新方法。

　　2. 构建新体系。教材整体规划、统筹安排，注重系统培养，兼顾多样成才。遵循技术技能人才培养规律，构建服务于中高职衔接、职业教育与普通教育相互沟通的现代职业教育教材体系。

　　3. 找准新起点。教材编写图文并茂，通顺易懂，遵循中职学生学习特点，贴近工作过程、技术流程，将技能训练、技术学习与理论知识有机结合，便于学生系统学习和掌握，符合职业教育的培养目标与学生认知规律。

　　4. 推进新模式。改革教材编写体例，创新内容呈现形式，适应项目教学、案例教学、情景教学、工作过程导向教学等多元化教学方式，突出"做中学、做中教"的职业教育特色。

　　5. 配套新资源。秉承高等教育出版社数字化教学资源建设的传统与优势，教材内容与数字化教学资源紧密结合，纸质教材配套多媒体、网络教学资源，形成数字化、立体化的教学资源体系，为促进职业教育教学信息化提供有力支持。

为更好地服务教学，高等教育出版社还将以国家规划教材为基础，广泛开展教师培训和教学研讨活动，为提高职业教育教学质量贡献更多力量。

高等教育出版社

2015 年 5 月

前　言

　　本书是"十二五"职业教育国家规划教材，依据教育部《中等职业学校办公室文员专业教学标准》，并参照文员行业标准，结合文员和秘书岗位工作实际与中等职业学校文秘专业教学实践编写而成。

　　礼仪素养和沟通能力都不是与生俱来的，都是需要经过培养和锻炼才能形成和完善的。本书全面介绍了职场礼仪和职场沟通中的基本知识和技能的训练方法，旨在帮助中职学生掌握职业场合中应遵守的礼仪行为规范和常用沟通技巧，提高学生与未来工作岗位零距离的实际工作能力，从而达成准企业人的素质要求。

　　本书最显著的特点是让学生"做中学"。教材将训练过程设计为工作过程，通过任务情境（工作任务），先做（训练内容），后讲（知识链接），再练（拓展训练）的思路，帮助学生在"做"的过程中学习并掌握职场礼仪和职场沟通的内容、程序、方法和技巧，突出了职场工作中的实践性、应用性、综合性、融合性。

　　本书的创新体现在学与练同步，职业能力与职业素养的融合，岗位工作与训练内容的对接。本书中的每个训练项目均以工作任务为中心，围绕办公室文员专业的核心技能的培养进行设计，形成"宽基础、小模块、善思考、重实战"的训练体系，体现了"以工作过程"为基础，全面培养学生的职业素养、专业知识和技能的教学思路。

　　本书分职场礼仪与职场沟通两个模块，包括职场形象礼仪、职场求职礼仪、职场办公礼仪、职场社交礼仪、沟通心理素质训练、沟通中"听"的技巧、沟通中"说"的技巧、人际沟通技巧8个项目。具体而翔实地介绍了办公室文员在职业场合中应遵循的、律己敬人的各种行为准则和惯例以及沟通能力和沟通技巧的训练方法。全书注重实务，体例新颖，条理清晰，体现了以核心技能为培养目标的专业课程改革的主旨。

　　本教材在撰写形式上图文并茂，增强了可视性和可读性，引发学生深入思考，开启心智。同时，便于学生实训时模仿和掌握。

　　本教材由陈晓林老师担任主编，邵岩老师和郑艳玲老师担任副主编。徐丹老师编写项目一；蔡少惠老师编写项目二；吕微娜老师编写项目三；陈晓林老师、武文姝老师编写项目四；潘成老师编写项目五；林英老师编写项目六；于红岩老师编写项目七；李洪媛老师编写项目八。全书由陈晓林老师、郑艳玲老师负责编写大纲，由陈晓林老师负责统稿、定稿工作。

　　各模块教学学时建议见下表：

建议学时分配表

模　块	项　目	学　时
模块一　职场礼仪	项目一　职场形象礼仪	6
	项目二　职场求职礼仪	6
	项目三　职场办公礼仪	8
	项目四　职场社交礼仪	10
模块二　职场沟通	项目五　沟通心理素质训练	4
	项目六　沟通中"听"的技巧	4
	项目七　沟通中"说"的技巧	8
	项目八　人际沟通技巧	8
总学时		54 学时

　　　教材编写过程中，编者借鉴和参考了大量的相关书籍和资料，吸取了相关学科专家、学者的研究成果，在此向有关作者表示衷心感谢！同时，本书编写得到了高等教育出版社的大力支持和帮助。书中插图模特为吉林经济贸易学校的杨雪、田家宝、鲁士林、马淑英、赵金鹏，北京求实职业学校的肖罗金、曹晨、王姗、李蜜蜜、李禹希、刘秀丽（教师），吉林公关学校的安宁、左效柏、王盼盼、张雪、吴航，由袁地善老师、王艳君老师拍摄，在此一并表示感谢！

　　　由于本书采用新的编写体例，加上编写水平与编写时间有限，难免有不少疏漏与错误，祈望专家、同行和广大读者批评指正。

编者

2015 年 4 月

目 录

模块一 职场礼仪

当今时代，礼仪是社会文明的重要标示，也是人们处世待人的准则。而职场礼仪更是职场中所有员工都必须遵守的礼仪规范。从某种意义上讲，职场礼仪比知识和智慧都重要。因为职场礼仪是职场沟通的纽带，是个人和企业的敲门砖，是人际关系的调节器。遵循礼仪，交际应酬就会得心应手、游刃有余，生活也会变得更加和谐、顺畅；违背或偏离礼仪，往往会事与愿违，事倍功半。"内强个人素质，外塑单位形象"，正是对职场礼仪作用恰到好处的评价。本模块主要从职场形象礼仪、职场求职礼仪、职场办公礼仪、职场社交礼仪四个方面介绍职场中应遵循的礼仪规范。

项目一　职场形象礼仪

礼仪之始，在于正容体，齐颜色，顺辞令。

——《礼记》（儒学经典之一）

 项目概述

职场礼仪，是指在职业场所，从业人员必须遵守的礼仪规范，职场礼仪也是一个人的职业形象和个人魅力、修养的一种外在表现形式。良好的职场形象，不仅是个人素质的体现，更是公司素质的体现，是赢得尊重的法宝。

本项目主要介绍职场形象礼仪中的仪容礼仪、仪态礼仪、仪表礼仪。通过本项目的学习，使学生掌握发型选择及容貌修饰的方法，掌握仪态美的基本动作要领，掌握服饰搭配规律，做一个衣着得体的人。从而塑造良好的职场形象，彰显个人素质。

 项目分解

任务1　仪容礼仪
任务2　仪态礼仪
任务3　仪表礼仪

任务1　仪容礼仪

 **任务目标**

1. 掌握容貌修饰的方法；
2. 了解发型的选择；
3. 提升个人形象意识，在不同场合运用形象礼仪，彰显个人素质。

任务情境

张雪是公关公司的接待负责人，近期要完成一个重要合作伙伴来公司考察的接待任务。公司曾经有过因为仪容礼仪修饰问题影响合作计划的教训，所以此次她需要精心做好员工仪容礼仪的培训工作，为合作伙伴留下良好的第一印象。

想一想：张雪应该如何策划员工的仪容礼仪培训工作？

任务解析

仪容礼仪是指人们在职场工作和社交场合中应注意自己的仪容，给人以端庄、大方、整洁的良好形象。仪容主要指一个人的容貌，包括头发、面部、手部等方面。要想有整洁、美好的仪容，每天都应该进行简单的仪容修饰。三分长相、七分打扮就是这个道理。进行仪容修饰时，清洁、整齐是基本的标准。为做好这次培训工作，张雪查阅了大量的资料，决定从仪容修饰、发型设计两方面对员工进行培训。

本任务旨在使学生掌握发型选择及容貌修饰的方法，塑造良好的职场形象，彰显个人素质。

训练内容

步骤1：仪容修饰

每4~6人为一组，想一想，议一议，张雪在仪容培训中应准备哪几方面的内容？

步骤2：发型与职业

每4~6人一组，分析在职业场合中，男士和女士分别应该选择怎样的发型？

知识链接

一、仪容修饰

仪容美的基本要素是貌美、发美、肌肤美。要求整洁、干净。仪容修饰包括以下方面：

1. 面部清洁

（1）脸部。正确的洗脸方法是用温水先润湿脸部，然后用适当的清洁剂（洗面奶、香皂等）用手由下向上揉搓、打圈。再用温水冲净面部的洗面产品，最后用凉水冲洗，收缩毛孔。注意颈部的清洗。男子不蓄胡须，不可以当众剃须。每日要把脸刮干净。

（2）口腔。要坚持早晚刷牙，每次刷牙的时间不少于三分钟，餐后漱口。必要时可以用口香糖来减少口腔异味，但在正式场合或与人交谈时嚼口香糖是不礼貌的。在工作及会客之前不要吃葱、蒜、韭菜和有刺鼻气味的食物。

（3）鼻子。公众场合不要用手去抠鼻孔。如鼻毛过长，可用剪刀剪去，以免有碍观瞻。

（4）耳朵。保持耳部的清洁，及时清洁耳垢。注意不要当众清除耳垢。

2. 其他细节部位的清洁

（1）手部。手部的清洁与一个人的整体形象密切相连。通过递接名片，与人握手，可判断出个人修养与卫生习惯，因此要勤洗手，勤修剪指甲，不留长指甲。女性上班不涂颜色艳丽的指甲油，可涂无色透明的。

（2）头发。养成周期性洗发的习惯，一般每周洗2～3次即可。秋天注意护理头发，避免出现头屑增多、脱发、断发的现象。梳头时，一定要留意上衣和肩背上不应落有头皮屑和脱落的头发。

（3）体味。讲究个人卫生，身体勿带异味，尤其是参加一些正式活动之前要洗澡。气味过于浓烈的香水不适宜在公共场合使用，应选择清淡的香水，适量喷洒。

3. 化妆的基本步骤及要求

步骤1：清洁面部

化妆前必须先清洁面部，如图1-1所示。因为皮肤的洁净程度与妆面的艳丽、持久成正比，洁净的皮肤更易于形成精致的妆面。

图1-1　清洁面部　　　　　　　　　　　　图1-2　打底色

步骤2：打底色

基础底色又叫打粉底，如图1-2所示。化妆者可选择适合自己肤色的粉底，均匀涂抹面部，并按面部不同的区域，分别涂敷深浅不同的粉底，这样可以增强脸部的立体效果。

步骤3：涂眼影

眼影可以涂抹于眼睑沟内及上眼睑或眼角部位，如图1-3所示。涂于上眼睑的眼影，要有深浅层次，显示眼球的立体感。在靠近睫毛处涂深色眼影，由深到浅，逐渐过渡至眉毛下沿。涂于眼角的眼影，可以在内眼角涂深色眼影，与鼻侧影自然融合，能使鼻梁显得挺直。在外眼角涂深色眼影可以改变眼睛的外形。

图1-3　涂眼影　　　　　　　　　　　图1-4　画眼线

步骤4：画眼线

画眼线主要是为了突出眼睛的轮廓，增加眼睛的神采和亮度，如图1-4所示。画眼线要注意，上下眼线应该有差别，一般上眼线比下眼线略粗略深些。

步骤5：修描眉

描眉是用眉笔顺着尾毛的方向，一根一根地画，描出适合自己脸型的眉形来，如图1-5所示。

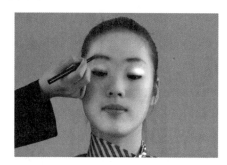 

图1-5　修描眉　　　　　　　　　　　图1-6　涂腮红

步骤6：涂腮红

涂腮红，主要是通过涂抹胭脂以弥补肤色的不足，如图1-6所示。胭脂颜色要根据肤色、着装、场合而选择使用。涂胭脂的部位，以颧骨为中心，高不过眼，低不过嘴角，内不过眼长的1/2。具体来说，要根据每个人的脸型而定，长脸横涂腮红，圆脸则竖涂腮红，但都要求腮红向脸部原有肤色自然过渡。

步骤7：涂口红

涂口红时，首先使用唇线笔勾出理想的唇线。唇线的颜色要略深于选用的口红色。涂口红要从两边嘴角向中间涂，先涂外缘，再涂内侧，直至全部涂满，口红不得超出唇线外，唇线边沿要干净清晰、轮廓明显，如图1-7所示。

图1-7　涂口红

二、发型与职业

1. 男士发型

男士的头发要清洁，长度要适宜，前不及眉，旁不遮耳，后不及衣领；不能留长发、怪发；不留络腮胡子或小胡子，如图1-8所示。

2. 女士发型

女士头发太长是非职业化的信息，工作场合女士不宜梳披肩发，头发不可遮盖眼睛，不留怪异的新潮发型；头发过肩的，工作时要扎起，宜拢在脑后，或束发或挽发或盘发，如图1-9所示。

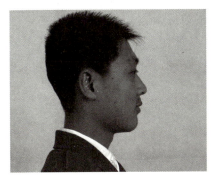

图1-8 男士发型

图1-9 女士发型

加油站

尼克松和肯尼迪竞选总统

1960年9月，尼克松和肯尼迪在全美的电视观众面前举行他们竞选总统的第一次辩论。当时，这两个人的名望和才能大体上相当，可谓棋逢对手。但是大多数评论员预言，尼克松素以经验丰富的"电视演员"著称，可以击败缺乏电视演讲经验的肯尼迪。但事实并非如此。肯尼迪事先进行了练习和彩排，还专门跑到海滩晒太阳，养精蓄锐。果然，他在屏幕上精神焕发，满面红光，挥洒自如。而尼克松没有听从电视导演的规劝，面部化妆用了深色的粉，加之十分劳累，因而在屏幕上显得精神疲惫，面容憔悴，萎靡不振。正如一位历史学家所形容："他让全世界看来，好像是一个不爱刮胡子和出汗过多的人。"结果，尼克松以美国历史上最微弱的竞选差额"49.6%比49.9%"失败了。

 拓展训练

训练1：

分小组讨论，检查每一个人的仪容，分别有哪些不符合形象礼仪的方面，并有针对性地进行改正。评选出班级的形象大使。

训练2：

案例分析

刘洋是一家服装企业的业务员，他业务精湛，口才优秀，平时办事让老板"一百个放心"。一次，他去外地参加一个大型服装展销会。当他风尘仆仆地找到一家商场后，接待人员看到他胡子拉碴，衣冠不整，看也不看他带来的样品，就把他打发走了。刘洋很窝火，这不是以貌取人吗？可连续跑了好几家商场，费尽口舌也未能如愿。一气之下，他跑到美容院做了美容，换上了公司生产的服装，当他再次来到商场，经理见他气度不凡，服装质量上乘，当即签订了60万元的合同。

分组讨论：刘洋失败和成功的原因在哪？他的经历给我们怎样的启示？

 任务评价

任务 1 评 价 表

被评价人_____

考核项目		评价标准	分值	自评	互评	得分
仪容修饰	面部清洁 脸部	及时清洗，颈部洁净	5			
	面部清洁 口腔	早晚刷牙，无异味	5			
	面部清洁 鼻子	鼻毛不长	5			
	面部清洁 耳朵	及时清洁耳垢	5			
	细节部位清洁 手部	不留长指甲	5			
	细节部位清洁 头发	常洗发，无头皮屑	5			
	细节部位清洁 体味	讲究卫生，勿带异味	5			
	化 妆	浓淡相宜，符合礼仪规范	25			
发 型	男士	前不及眉，旁不遮耳，后不及衣领	40			
	女士	长发束盘，头发不可遮盖眼睛				
总 分			100			
综合评价						

任务 2 仪态礼仪

任务目标

1. 掌握站姿、坐姿、走姿、蹲姿的动作要领；
2. 掌握手势在社会交往中的运用；
3. 培养个人的优雅仪态，做一个举止文明优雅的人。

任务情境

有位老师带着三个毕业生同时应聘一家公司的业务员，面试前，老师怕学生面试时紧张，同人事部主任商量，让三个同学一起面试。三位同学进入人事部主任办公室时，主任上前请三位同学入座。当主任回到办公桌前，抬头一看，欲言又止，只见一位同学坐在沙发上，跷起二郎腿，而且两腿不停地抖动，另一位身子松懈地斜靠在沙发一角，两手攥握手指咯咯作响，只有一个同学端坐在椅子上等候面试，人事部主任起身，非常客气地对两位坐在沙发上的同学说："对不起，你们二位的面试已经结束了，请退出。"两位同学四目相对，不明所以。

想一想：前两位同学面试失败的原因是什么？请你帮他们补上这一课。

任务解析

优美的仪态，能使人感受到比语言更为真实、美好和生动的情感，在职场中，常能产生"此时无声胜有声"的效果。这种效果，能帮助人们树立良好的自我形象，并促使社交成功。一个人即使长得很漂亮，有出众的身材外貌，如果她的举止不美，她的外在美就不完善。

仪态礼仪包括形体礼仪和手势礼仪，具体为站姿、坐姿、走姿、蹲姿、手势。前两位同学面试失败的原因就在于他们没有掌握仪态礼仪的基本要领，忽视了外在美。因此，要想把自己培养成一个有较高仪态素养的人，就必须从一举手、一投足做起。

本任务旨在培养学生掌握仪态美的基本动作要领，练就符合礼仪规范的形体礼仪和手势礼仪。做一名仪态优雅、举止文明的准职业人。

训练内容

步骤 1：姿态训练

每 4~6 人为一组，训练在职场中标准的站姿、坐姿、走姿、蹲姿，在面试时应该如何运用标准的姿态？

步骤 2：手势训练

每 4～6 人一组，模拟在面试时，如何运用恰当的手势？

 知识链接

一、站姿要领

标准的站姿，从正面看，身体重心线应在两腿中间向上穿过脊柱及头部，要防止重心偏左、偏右。从侧面看，后脑勺、背部、臀部、小腿肚、脚后跟，应在一个平面上，这样的站姿给人一种挺、直、高的美感。"站如松"便是人们对站姿美的一种形容，如图 1-10、图 1-11 所示。

图 1-10　女士站姿　　　　　图 1-11　男士站姿

（1）抬头，头顶平，双目平视前方，嘴微闭，面带微笑，微收下颌。

（2）双肩放松，保持水平，稍向下压，人体有向上的感觉，呼吸自然。

（3）女士手位，两手相叠放于腹前，左手在下，右手在上，握于四指，在礼仪场合，食指微翘。男士手位，放于体侧，五指并拢，中指与裤侧缝成一线。

（4）身躯挺直，身体重心应在两腿之间，做到挺胸、收腹、提胯、立腰、臀部肌肉收紧。

（5）双腿立直，两膝靠紧，两脚跟相靠，脚尖开度为 30°～45°，成"V"字形。

二、坐姿要领

坐姿是体态美的重要内容。办公人员无论是伏案工作、参加会议、业务洽谈、娱乐休

息都离不开坐。优美的坐姿,会让人觉得庄重、大方、沉稳,给人可信感。常用坐姿如下:

1. 标准式

正确的坐姿必须是上身挺直,身体重心垂直向下,两肩平稳放松,下巴内收,颈部挺直,背部与臀部成直角;女士双膝并拢,双脚脚跟脚尖并拢,两脚略前伸,男士双腿正放分开,两腿平行,间距与肩同宽;双手自然放在双腿上,女士双手左手在下右手在上放于右腿中部,男士五指并拢、双手自然放于两膝上,要端庄、大方、自然,如图1－12、图1－13所示。

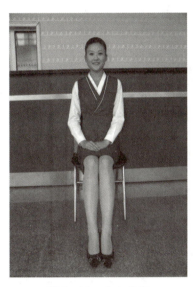 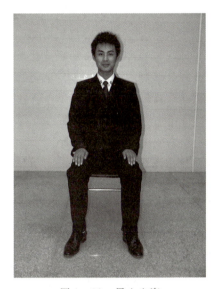

图1－12　女士坐姿　　　　　　　　图1－13　男士坐姿

2. 双腿叠放式

双腿完全一上一下交叠在一起,两腿之间没有任何缝隙。适用于处于身份地位高时的场合,或女士穿短裙子时采用。

3. 双腿斜放式

双膝并拢,然后双脚向左或向右斜放,与地面呈45°。适用于穿裙子的女性在较低处就座使用。

4. 双腿内收式

两大腿首先并拢,双膝略打开,两条小腿分开后向内侧屈回。适用于各种场合,男士可选用。

5. 前伸后屈式

大腿并紧后,小腿一前一后,并保持在一条直线上。适用于女性。

小提示

不可将脚底对人，正规场合不得跷二郎腿，坐下时身体不能靠到椅背上，女士坐下时膝盖不能分开。

三、走姿要领

走姿是人体所呈现出的一种动态，是站姿的延续。

（1）头正胸挺，臀部肌肉收紧，胯向上提，重心稍向前倾。

（2）双肩放平，双臂前后自然摆动，摆幅以30°～35°为宜。

（3）走路时要稍用腰力，但不要扭动臀部。

（4）步位、步幅要标准。步位就是脚落地时应放的位置。脚抬起时，脚尖要向着正前方，落地时，两只脚的内侧应落在一条直线上。步幅，是指行走时，两脚之间的距离。步幅的一般标准是前脚的脚后跟与后脚的脚尖相距一脚长。但因性别不同、身高不同、服饰不同，步幅的大小也有一定的差异。

（5）整体上要给人以步态轻盈、敏捷、有韵律的感觉。

小提示

在日常生活中应避免的走姿是：走路时身体左右晃动，两只脚尖呈内八字或外八字，这都给人一种不雅观的感觉。

四、蹲姿要领

在日常生活中，人们对掉在地上的东西，一般习惯是弯腰或蹲下将其捡起，而身为办公人员，对掉在地上的东西，也像普通人一样采用一般随意弯腰蹲下捡起的姿势是不合适的。

1. 高低式蹲姿

这是男女通用的蹲姿。主要特征是：双膝一高一低。下蹲时一般是左脚在前，右脚稍后，两腿靠紧向下蹲。左脚应完全着地，小腿基本垂直地面，右脚应脚掌着地，脚跟提起。右膝低于左膝，右膝内侧可靠于左小腿的内侧，形成左膝高、右膝低的姿态。女性应靠紧两腿，如图1－14所示。男性则可以适度分开。

2. 交叉式蹲姿

只适用于女性，尤其是穿短裙的女性。下蹲时右脚在前，左脚在后，右小腿垂直于地面，全脚着地，左脚在后与右腿交叉重叠，左膝由后面伸向右侧，左脚跟抬起，脚掌着地，两腿前后靠紧，合力支撑身体，臀部向下，上身稍前倾。反之也可，如图1－15所示。

图 1 - 14 高低式蹲姿

图 1 - 15 交叉式蹲姿

小提示

弯腰捡拾物品时，两腿叉开，臀部向后撅起，或是两腿展开平衡下蹲，都是不雅观的姿态。下蹲时注意内衣"不可以露，不可以透"。

五、社交中出现的手势

1. 指示手势

这是用以引导来宾、指示方向的手势。以右手抬至一定高度，五指并拢，掌心向上，以肘部为轴，朝一定方向伸出手臂，如图 1 - 16 所示。

图 1 - 16 指示手势

图 1 - 17 介绍手势

2. 介绍手势

为某人作介绍或指示方向及请某人做某事时，应掌心向上，手指自然并拢。这种手势会被认为是诚恳、恭敬、有礼貌的，如图 1 – 17 所示。

加油站

"OK"手势

一位美国工程师被公司派到在德国收购的分公司，和一位德国工程师在一台机器上并肩作战。当这个美国工程师提出建议改善新机器时，那位德国工程师表示同意并问美国工程师自己这样做是否正确。这个美国工程师用美国的"OK"手势给以回答。没想到，那位德国工程师放下工具就走开了，并拒绝和这位美国工程师进一步交流。后来这个美国人才了解到，这个手势对德国人意味着"你是个屁眼儿"。

在商品贸易活动中，公关人员经常与外商打交道，手势的使用更应该考虑各国各地区习俗迥异。比如"OK"手势、"V"手势、伸大拇指等，习俗不同，所表达的意思也往往会有出入，而且有的大相径庭。因此，使用时要注意手势意思表达同习俗相吻合。

 拓展训练

训练 1：

"背靠墙"训练法

背部靠墙，身体的五个点——头部、肩部、臀部、小腿、脚后跟都靠在墙上，力求达到标准站姿，每天站立 15 分钟，持续一个月形成优美的站姿。也称"五点一线"法。

训练 2：

情境模拟

摄影师李颖负责一个产品展销会的摄影工作。展销会结束后，她打算为工作人员合影留念，由于当时人比较多，所以需要让一部分人在前排呈蹲姿，后两排呈坐姿及站姿。

请演示在合影留念时，如何进行人员安排？

实训要求：

（1）本实训可在教室或模拟场所进行。

（2）将学生分成若干学习小组，当一组进行演示时，其他组可作评估。

任务评价

任务 2 评 价 表

被评价人＿＿＿＿＿＿＿

考核项目	评价标准	分值	自评	互评	得分
站姿	精神饱满，动作规范，充满自信	20			
坐姿	精神饱满，动作规范，端庄得体	20			
走姿	动作规范，平稳优雅	20			
	手臂摆动自然，步幅适当，步速均匀	20			
蹲姿	姿态优雅，女士双腿并拢	20			
总　分		100			
综合评价					

任务 3 仪 表 礼 仪

任务目标

1. 掌握职场着装的原则，并在生活中灵活运用；
2. 掌握服饰搭配的规律，做一个衣着得体的人；
3. 掌握职业装的着装环境与搭配技巧，提升学生形象意识。

任务情境

李明是一家通信公司的经理，定于后天完成与合作单位的签约及晚会庆祝的一系列活动，王秘书接到为李经理挑选全天所需服饰的任务。

想一想：王秘书如何完成这一任务？

任务解析

仪表是指一个人的外表，是一个人举止风度的外在体现。仪表礼仪是指着装要整洁、美观、得体，并与形象、出入场合以及穿着搭配相协调。在一些政府机构和大公司，对职员着装有着明文规定或约定俗成的约束，通过每个人的着装来体现组织的实力和权威及组

织的品位追求。

仪表礼仪包括着装的"TPO"原则、服饰搭配规律、职业装的着装环境与搭配技巧等。王秘书将根据李经理要出席的签约仪式和庆祝晚会等活动来挑选不同的服饰。

本任务旨在培养学生掌握着装的基本原则，掌握职业男装和职业女装的着装礼仪及环境与服饰搭配技巧，把礼仪与时尚结合起来。

 训练内容

步骤1：着装的基本原则

每4~6人为一组，想一想，着装的基本原则是什么？职场中，公司对职员的着装要求一般有哪些？

步骤2：西装穿着规范

小组讨论：西装的着装规范有哪些？王秘书根据李经理一天的活动安排，应该如何为李经理选择不同的服装？

步骤3：职业女装的着装规范及搭配技巧

小组讨论：职业女装的着装规范及搭配技巧是怎样的？

 知识链接

一、着装的基本原则

通过服饰折射出的礼仪修养，能更深层次地美化个人形象。着装要符合"TPO"原则，如表1-1所示。

表1-1 着装"TPO"原则

T（Time）时间原则	泛指早晚、季节、时代等	在不同的时代、不同的季节、不同的日期（如节假日）应穿不同的服装。尽量避免穿着与流行趋势格格不入的服装
P（Place）地点原则	代表地方、场所、位置、职位	上班场合，穿庄重的服装，可穿制服、套装、套裙； 社交场合，着装应遵从典雅、时尚、个性的原则，可穿时装、礼服、民族服装及其他个性化服装等； 休闲场合，着装应遵从舒适、方便、自然的原则，可选择穿家居装、牛仔裤、运动装、沙滩装等
O（Object）场合原则	代表目标、对象	衣着要与场合协调。与客户会谈、参加会议，衣着应庄重考究；听音乐会，可着正装；出席晚宴，可穿着晚礼服

小提示

着装注意事项

1. 与体形相适应。身材偏胖的人应穿"V"字形衣服或套装，图案应选择竖条的、小花形的，颜色最好是黑色、深蓝色等。

2. 与肤色相适应。肤色苍白，则宜选偏暖色调。肤色偏黄者，不要选择棕色、土黄、深灰、蓝紫色等。肤色暗黄浅褐及较黑者，宜选择柔和明快的中性色调。

3. 考虑服装色彩的搭配。

二、男士西装礼仪

西装是男士较为合适的职业服装，如图 1 – 18 所示。穿着西装应注意以下几个方面的问题。

1. 服装色彩

穿西装的时候，全身的颜色不能超过三种，包括上衣、下衣、衬衫、领带、鞋子、袜子在内。出席重要场合，着西装套装时，鞋子、腰带、公文包最好是同一个颜色，而且首选黑色。

2. 西装长度

上衣的长度宜于垂下手臂时与虎口平行，衣袖应以垂下手臂时，袖口在手腕上 1~2 厘米为宜。下衣的长度以裤角接触脚背为宜。

3. 西装领子的选择

长脸形宜选用短驳头西装；圆脸形、方脸形宜选用长驳头西装。

图 1 – 18 男士西装

4. 西装扣子

穿双排扣西服，不管在什么场合下，一般都应将扣子全部扣上；单排扣西装、一粒扣西装，扣子可扣也可不扣；二粒扣西装扣上边一粒；三粒扣西装扣中间的一粒。

5. 西装口袋

上衣两侧的两个衣袋不可装东西，只作装饰用。西装上衣胸部的衣袋可以装折叠好的花式手帕，其他东西不宜装入，如图 1 – 19 所示。物品可以装在上衣内侧衣袋里，左胸内侧衣袋可以装票夹、本和笔，右胸内侧衣袋可以装名片、香烟和打火机。

6. 衬衫

正式场合穿西服套装，内应穿白色和纯色衬衣，在纯色中，一般又以浅蓝色最佳。

7. 领带

领带是西装的灵魂。在正式场合穿西装应系好领带，不穿西装只穿衬衫或短袖衬衫也可系领带；非正式场合穿西装可以不系领带，穿猎装、夹克衫也可以系领带。领带的色彩图案，不仅要考虑西装与衬衫的色彩，还要结合本人的年龄、身份综合加以配置。领带打好后，标准的长度以箭头到皮带扣处为宜，过长过短都不合适。领带夹应该在衬衣从上往下数第4粒扣子的位置。

图 1-19　胸部衣袋

8. 鞋、袜

穿西装一定要配穿西装皮鞋（即硬底系带皮鞋），皮鞋的颜色应与西装的颜色相配套，一般都应深于或近于西装的颜色。凡穿着深色或中性色西装，宜与黑色西装皮鞋搭配。皮鞋不论新旧，都必须擦净擦亮，尤其在重大的社交场合更应注意。

穿皮鞋还应配上合适的西装裤。男士的西装裤一般也宜略深一些，使它在西装与皮鞋之间显现出一种过渡。

9. 服饰搭配

黑色西装：庄重大方、沉着冷静；

——搭配：白衬衫＋红黑领带。

中灰色西装：格调高雅、端庄；

——搭配：暗灰衬衫＋银灰色圆点领带。

咖啡色西装：大方、风度翩翩；

——搭配：黄褐色衬衫＋咖啡色的小方格领带。

深蓝色西装：格外精神；

——搭配：衬衫＋蓝色小方格领带。

小提示

西装 "八忌"

1. 忌西裤过短（标准西裤长度为裤长盖住皮鞋）。

2. 忌衬衫放在西裤外。

3. 忌不扣衬衫扣。

4. 忌西服袖子长于衬衫袖。

5. 忌西服的衣、裤袋内鼓鼓囊囊。

6. 忌领带太短（一般长度应为领带尖盖住皮带扣）。

7. 忌西服上装两扣都扣上（双排扣西服则应都扣上）。

8. 忌西服配便鞋（休闲鞋、球鞋、旅游鞋等）。

三、女士职业装

1. 款式

目前女装款式中，裙式套装已被公认为最恰当的职业女装，裙式套装既不失女性本色，又能切合庄重与大方的原则，如图1-20所示。

2. 色彩

套装应当以冷色调为主，借以体现出着装者的典雅、端庄、稳重。全身色彩至多不要超过两种，不然会显得杂乱无章。

3. 长度

套裙的上衣不宜过长，最短可以齐腰，下裙不宜过短，裙子下摆恰好抵达着装者小腿肚子上的最丰满处，是最为标准、最为理想的裙长。穿着衬衫时，下摆掖入裙腰内。

图1-20 职业女装

4. 饰物

套裙上不宜添加过多点缀，如贴布、绣花、亮片等。不宜佩戴与个人身份无关的珠宝首饰，也不宜佩戴过度张扬的耳环、手镯、脚链等首饰。

5. 配饰选择技巧 （表1-2）

表1-2 配饰选择

鞋袜	以皮鞋为主，最常用的是黑色。也可根据服装色彩款式来搭配。女士在正式场合必须穿着袜子，颜色为肉色高筒袜，不可以穿半截长的袜子	
包	携带手袋、皮包、公文箱，应该考虑到携带者的身份和职业、携带的季节、服装的颜色、服装的款式等因素。要求携带效果既不喧宾夺主，又可以营造出一种"脚踏实地"的和谐。正式场合，包最好拿在手上，而不是背在肩上	

续表

围巾	肤色偏深、身材偏胖，或着深色调服装，适宜选择略深色调的围巾；肤色较白、身材偏瘦，或着偏浅色调服装，适宜选择略浅色调的围巾	
颈饰	颈部偏长、偏细的女性，适宜佩戴粗而短的颈饰；颈部偏短、偏粗的女性，适宜佩戴有长度的颈饰。身材娇小的女性，可以选择短颈饰或饰链下加坠，以调整视觉；身材高大的女性，可以选择长而细的饰链	
别针	体形娇小的女性，适宜小巧的别针；体形高大的女性，适宜图案抽象的别针。 服装颜色浅，别针的颜色应该选择浅淡些；服装颜色深，别针的颜色应该选择深重些	
戒指	戒指一般戴在左手上。戴在食指上，表示尚未恋爱，正在求偶；戴在中指上，表示已有意中人，正在恋爱；戴在无名指上，表示已订婚或已结婚；戴在小指上，则表示独身。佩戴两枚或两枚以上的戒指是不妥的。偶尔可见有人中指和无名指同时戴着戒指，则表示已婚并且夫妻关系很好。大拇指一般不戴戒指	

 拓展训练

训练1：

案例分析

尹琼是某电子商务有限责任公司的总经理办公室秘书。她工作一向认真踏实，细致周到，深受上司重视。由于她刚参加工作不久，在衣装方面，还总是一副休闲或运动装的学生模样打扮。总经理几次都想带她去参加一些商务活动，如商务谈判、工作宴请，但每次看到尹琼一副学生模样，便打消了念头。后来也几次暗示她，要她买几套正装。尹琼也意识到了这个问题，就专门买了两套西装套裙。一天，总经理正要到一个外商那里去商谈一个重要工作，想带着尹琼一起去。当看到尹琼穿着得体的驼褐色西装套裙，他正要开口说"跟我一起去吧"，突然发现她脚上穿着一双黑色旅游鞋、黑色短统袜，总经理的眉头顿时皱了起来，然后自己一个人提着公文包走了。

请问：总经理为什么一个人走了？尹琼的服装出了什么问题？如果你是尹琼，你该怎样着装？

训练2：

根据现有服装，请学生组合搭配，并说明适合的场合及职业。

将学生5人分成一组，自选服饰；小组合作设计搭配；选出代表展示；同学互评；教师点评。

 任务评价

任务3 评 价 表

被评价人_____

考核项目	评价标准	分值	自评	互评	得分
仪表原则	着装符合"TPO"原则	20			
着装规范	根据场合、对象不同，正确选择不同的服装	20			
	服饰搭配合理，符合礼仪规范	20			
	着装环境与搭配相协调	20			
	配饰选择合理，符合礼仪规范	20			
总　　分		100			
综合评价					

项目二 职场求职礼仪

> 莫愁前路无知己，天下谁人不识君。
>
> ——高适（唐代著名边塞诗人）

项目概述

求职是用人单位与求职者的双向选择，是招聘与应聘的过程，是中职生步入职场的必经之路。掌握职场求职礼仪并能恰当得体地加以运用，不仅能体现出中职生良好的职业素养，而且体现出对招聘单位和招聘人员的尊重，有助于求职目标的实现。

本项目主要介绍职场求职中的面试前礼仪、面试中礼仪、面试后礼仪知识。通过本项目的学习，能够加深学生对职场求职礼仪的认知，掌握职场求职活动中面试前、面试中和面试后等方面的礼仪、礼节，提高学生的求职能力，帮助求职者成功叩开职场大门。

项目分解

任务4　面试前礼仪

任务5　面试中礼仪

任务6　面试后礼仪

任务4　面试前礼仪

任务目标

1. 能运用恰当方法，搜集企业信息及职位要求；
2. 能根据自身实际设计出个人简历；
3. 写出符合企业职位要求的求职信；
4. 掌握着装、服饰的方法；
5. 掌握化淡妆的方法。

任务情境

金岭文化咨询公司正在招聘办公室文员。李军满头大汗地跑来公司总部进行面试，气喘吁吁坐下后，面试官对李军说："说说你对我们公司的了解。"李军想了半天，挠挠头皮说："对不起，我接到面试通知就来了，还没有来得及查看公司的资料，所以不太了解。"面试官又说："你准备面试什么职位？"李军："您这里有什么职位，我都可以试试，这是我的简历。"说着从包中掏出皱巴巴的简历，递了过去。面试官望着面前余汗未消的李军和递过来的皱巴巴的简历皱了皱眉，对李军说："不好意思，你还是回去做做准备，等准备好再来吧。"

想一想：李军面试失败的原因是什么？面试前要做哪些准备？

任务解析

礼仪，无时不在，无处不在。面试前的礼仪是面试成功的基础。无论是求职信、个人简历、自我介绍的撰写，还是着装、化妆、企业资料、应聘的岗位和路程时间的把握等，都有一定的方法与技巧，特别是从事办公室文员工作的人，掌握一些面试前礼仪，做好面试前的准备，不但能树立起踏实、认真、专业的职业形象，而且能养成良好的习惯，为今后做好工作奠定基础。

面试前礼仪就是要做好面试前的各种准备，包括求职信、个人简历、着装、化妆、企业资料和路程时间等。李军之所以失去了这次工作机会，就在于他在面试前没有做好充分的准备。

本任务旨在指导学生在面试前做好求职面试的各种准备，能根据自身实际设计出个人简历和求职信，并对自己的服装、服饰和化妆进行设计，借以建立良好的职业形象。

训练内容

步骤1：查找企业信息

每4~6人为一组，想一想，议一议，面试前，查找企业信息的方法有哪些？李军应了解企业单位的哪些基本情况？

步骤2：简历撰写

每个人拟一份个人简历；

每4~6人为一组，讨论一下，撰写简历应包括哪些内容？将个人简历与同学进行交流，并进行补充与完善。

步骤3：写求职信

每个人拟一封求职信；

每4～6人为一组，讨论一下，如何突出对应聘有利的条件。将求职信与组内同学进行交流，并进行补充与完善。

步骤4：着装

每人穿着职业装（男生可系领带，女生可戴丝巾）；

每4～6人一组，互相评议当天着装是否规范及服饰搭配是否协调，每组选出一名代表在班中展示。

步骤5：化妆

每位同学为自己进行发型设计，梳理出该发型，并进行适当化妆修饰。

每4～6人一组，互相评议当天发型及化妆是否适宜，每组选出一名代表在班中展示。

 **知识链接**

一、信息准备

对招聘单位做事先的调研和了解，可以使自己做到心中有数，有备而往；同时是对自己择业的尊重，对雇主的尊重，也反映出你对进入该单位工作的诚恳态度，可以帮助你给面试官留下一个好的印象。

1. 了解单位情况

在准备企业背景时，可以通过用人单位的官方网站和学校提供的用人单位信息了解单位的业务、文化、未来的发展等情况，如图2-1所示。

2. 掌握应聘职位

掌握将要应聘的职位，有哪些知识、技能、素质方面的要求，需要哪些证件等，有针对性地进行选择和准备，如图2-2所示。

图2-1 搜集企业资料

图2-2 掌握应聘职位

二、材料准备

大部分用人单位通过书面材料来判断和评价毕业生的学习成绩、工作潜力。要成功地向用人单位推销自己，拟定具有说服力和吸引力的求职面试材料是面试成功的第一步。

（一）个人简历

简历是针对应聘的职位，将相关经验、业绩、能力、性格等简要地列举出来，以达到推荐自己的目的。因此，设计精美、个性突出、能给面试官留下深刻印象的简历会让你脱颖而出。简历内容如下：

1. 个人基本情况

个人基本情况除了写明姓名、性别、年龄、民族、政治面貌等基本信息外，还要写清楚联系地址、电话、邮政编码等方面的内容，以免因用人单位联系不到你而失去择业机会。

2. 学习经历

用人单位主要通过学历情况了解应聘者的智力及专业能力水平，书写的顺序最好从现在开始往回写，写到中学即可。学习成绩优秀，或得过奖学金或其他荣誉称号是学习生活中的闪光点，可一一列出，以加重分量。

3. 实习（实践）经历

对于即将走出校门的学生，应将学习期间参加的社会实践活动、专业实习活动、其他社会活动和勤工俭学等情况向用人单位作简单介绍，以供用人单位参考。尽管勤工助学的经历可能与应聘职位无直接关系，但是勤工助学能够显示你的意志，并给人留下能吃苦、勤奋、负责、积极的好印象。

4. 其他特长和技能

包括应聘者获得的各种技能等级证书（如计算机、会计等）、外语水平（TOEFL/BEC等）、体育特长、音乐特长等，要写出最高成绩。兴趣爱好与性格特点能够展示你的品德修养、社交能力及团队精神，它与工作性质关系密切，所以，用词要贴切。

（二）求职信

（1）应聘原因。

（2）求职者的个人简单材料。其内容应包括姓名、性别、学历、年龄，以往工作单位、职务、社会工作能力、专长、爱好等。应紧紧抓住所应聘的职位要求，突出对应聘有利的条件。

（3）求职的愿望和要求。

（4）联系地址及电话、个人邮箱等。

例 文　求　职　信

尊敬的李建英经理：

我从学校的企业信息看到了贵公司的招聘启事。我对贵公司早有耳闻，如能到贵公司从事办公室文员工作，我将感到非常荣幸。现将我的情况简要介绍如下：

我今年18岁，女，住在北京市望京北路20号。现在北京市求实职业学校行政文秘专业学习，今年7月即将毕业。

我是学校的"优秀学生干部""三好学生"和"礼仪标兵",在学校学习期间,我考取了北京市英语口语初级证书、全国计算机等级考试证书、汉字录入处理员证书。

在校三年的每个周末,无论刮风下雨,我都去天道留学机构协助做问卷调查,这样的坚持培养了我的勤奋与执着;在校三年在北京市规划委员会朝阳区分局、北京服装学院、北京市求实职业技能培训学校实习实训,参与了文档整理、文字录入等工作,提升了我的专业技能。

我热爱办公室文员这项工作,三年专业学习为我从事这一工作打下了较为扎实的基础,并在实践中积累了一些经验。我有信心能胜任贵公司办公室文员工作,请贵公司给予我机会。

贵公司如考虑同意接收我,请来人来电与我联系。

我的通信地址是:北京市望京北路 20 号,邮政编码 100019,电话 64391618。

此致
敬礼!

自荐人:刘继霞

2014 年 4 月 28 日

（三）证书及复印件

在简历和求职信后,还应附上资格证书、获奖证书、成绩单等证明材料,这些材料按一定的顺序整理好,以供应聘时需要,如图 2 - 3 所示。

三、形象准备

得体大方的形象会给面试官留下好印象。

图 2 - 3 证书

1. 服装要得体

求职服装一般以西装、套裙为宜,这是最通用、最稳妥的着装,会使你看起来显得优雅而自信,会给对方留下良好的印象,如图 2 - 4、图 2 - 5 所示。

切忌穿太紧、太透和太露的衣服,否则,会让人感到不庄重、不雅致,这是求职大忌。

2. 鞋子要便利

穿鞋的原则是简洁,应和整体相协调,在颜色和款式上与服装相配,面试时,鞋上不要有装饰物,不要穿长而尖的高跟鞋,中跟鞋是最佳选择,既结实又能体现职业者的尊严。

3. 袜子很重要

男生应穿深色袜子,女生应穿肉色袜子,且不能有脱丝。不穿袜子是失礼的行为,为保险起见,还应在包里放一双备用,以便脱丝能及时更换。

图 2 - 4　女生着装

图 2 - 5　男生着装

4. 发型要整齐

头发应精心梳理。作为职业学校的学生，发型要显示出健康、向上的气息。

5. 身体应清洁

面试前应洗澡，保持体味清新，指甲必须修剪，不得留长指甲，不能涂有色指甲油。

6. 化妆应淡雅

适度的修饰能起到扬长避短、提升自信的作用，切忌浓妆艳抹，否则会给人轻佻之感。

7. 饰物少而精

（1）公文包或手提小包，带一个即可。在多数面试场合，携带公文包比手提小包体现出更多的权威。

（2）首饰。作为学生首饰尽量不戴。

（3）丝巾。丝巾飘逸清秀的特点最能烘托出女性的美，但选择丝巾时一定要注意与衣服的协调搭配。如花色丝巾可配素色衣服，而素色丝巾则适合艳丽的服装。

四、时间准备

1. 提前查询好面试地点、乘车路线

要留出充裕的时间来考虑车程，以免面试迟到。

2. 提前到达

提前 10 ~ 15 分钟到达面试地点效果最佳。提前半小时以上到达会被视为没有时间观念，在面试时迟到或是匆匆忙忙赶到，会被视为缺乏自我管理和约束能力。

五、心理准备

毕业生求职的过程，是一个复杂的心理变化过程，一定要做好求职前的心理准备，排除心理干扰。

> **小提示**
>
> 忌盲目自大、目中无人；忌心理畏怯、信心不足；
> 忌当断不断、患得患失；忌依赖心理、人云亦云。

 拓展训练

训练1：

仔细观察图2-6饰物，图2-7丝袜，图2-8鞋及饰物，并判断对错。

图2-6　饰物

图2-7　丝袜

图2-8　鞋及饰物

训练2：

情境模拟

金岭文化咨询公司招聘办公室文员，中职学校应届毕业生李军和他的同学们根据了解到的企业情况和招聘的职位，撰写了求职信、个人简历，并将这些资料和各种证书装在文件夹中，穿戴整齐准备去面试。

请将求职信、个人简历、各种证书整理好，按面试时的着装、化妆要求将面试前礼仪连贯地展示出来。

实训要求：

（1）本实训可在教室或模拟场所进行。

（2）将学生 4 ~ 6 人分成一组，每人将准备的情况在组内进行展示，其他同学作评估。

（3）每组选出一位代表，在班内做展示，其他组同学进行评估。

 任务评价

任务 4 评 价 表

被评价人_____

考核项目	评价标准	分值	自评	互评	得分
企业概况	了解全面，职位要求清晰	10			
简历	格式规范，真实简明无错	20			
求职信	内容全面，紧扣职位要求	20			
着装	得体规范，服饰搭配协调	20			
发型	头发清洁，长度适宜	10			
化妆	化妆自然、淡雅、协调	10			
路线	路线清晰，掌握所需时间	10			
总　分		100			
综合评价					

任务 5　面试中礼仪

 任务目标

1. 掌握进出房间的方法；

2. 能大方得体地落座；

3. 能针对企业不同招聘广告、不同的场合作恰当的自我介绍；

4. 能在认真聆听的基础上根据不同的问题从容作答；

5. 能灵活地掌握适时告辞的方法。

任务情境

　　2014 年 4 月，孟兆丰即将从中等职业学校毕业，他来到金融街的一家公司应聘。只见他穿着整洁的西装、打着漂亮的领带、脚踏锃亮的皮鞋来到人力资源部，进去后，见到招聘经理，他快步走上去，握着经理的手，礼貌地说："您好，辛苦了。"说完，一屁股坐在椅子上，滔滔不绝地进行自我介绍，"我在学校是……"，面对孟兆丰的一系列举动，二位招聘经理相互看看，打断他说："今天就到这里吧，孟兆丰。""我还没说完呢，……行，这是我的资料，您看看。"说着，站起来走上前去，握着招聘经理的手说"谢谢您给我这次面试机会，有消息给我打电话"，说完，扬长而去。

　　结果，孟兆丰的面试失败了。

　　想一想：孟兆丰面试失败的原因是什么？请你帮他补上这一课。

任务解析

　　企业在招聘过程中除了重视文凭、个人的仪表外，更重视对人才综合素质的考察。在面试时，仅靠热情有礼、仪表端庄是不够的。掌握一些礼仪惯例和技巧是十分必要的。

　　面试中礼仪包括提前到达、耐心等待、进退有礼、从容落座、自我介绍、学会聆听、从容作答、举止文雅、礼貌告辞等方面内容。孟兆丰之所以面试没有成功，就在于他缺乏必要的面试中的礼仪常识。

　　本任务旨在培养学生在面试中，掌握进出房间的方法，能大方得体地落座；能针对不同的场合做恰当的自我介绍；能在认真聆听的基础上根据不同的问题从容作答，并能灵活地掌握适时告辞的方法，做到举止得体、落落大方，表现出良好的专业知识和修养。

训练内容

步骤 1：进退有礼

　　每 4～6 人为一组，议一议，练一练，在职场中，进入房间的方法是什么？如果房门开着还用敲门吗？面试结束，如何离开？

步骤 2：从容落座

　　每 4～6 人为一组，议一议，练一练，来到面试官面前落座。

步骤 3：自我介绍

　　（1）根据两个不同的企业的招聘广告，撰写两个不同的自我介绍。

　　（2）每 4～6 人为一组，进行自我介绍；每组再选出一名同学在全班作介绍。

步骤 4：从容作答

每 4～6 人为一组，轮流做考官和求职者，求职者就考官提出的问题从容回答。

步骤 5：礼貌告辞

每 4～6 人一组，讨论一下面试时考官发出哪些暗示，求职者就应该礼貌地告辞了？练一练，怎样在接到暗示后礼貌地离开？

 **知识链接**

一、提前到达

（1）求职者应比预定时间提前 10 分钟抵达面试地点，以示诚意。

（2）对面试官来说，面试迟到是求职者对公司不尊重、对工作不积极的表现。

（3）如果确实不能按时到现场，一定要打电话说明原因解释。

（4）不要提前 30 分钟以上，这样会给他人留下没有时间观念的印象。

二、耐心等待

（1）整理仪表，如图 2 - 9 所示。注意鞋子是否干净。

（2）在面试室外耐心等待，如图 2 - 10 所示。

图 2 - 9　整理仪表

图 2 - 10　等待面试

（3）待到工作人员示意，再从容进入。

（4）不可在门外东张西望、来回走动、交头接耳。

三、进退有礼

（1）进屋先敲门，在得到允许后再进入室内，如图 2 - 11 所示。

（2）推门后朝向面试官微笑着点头致意，如图 2 - 12 所示。

（3）进去后，将门轻轻关上，如图 2 - 13、图 2 - 14 所示。

（4）离开时，致谢道别，后退一步再转身，如图 2 - 15 所示。

（5）走到门口转身向内，再次微笑致意告别，如图 2 - 16 所示。

（6）退出房间，轻轻带上房门，如图 2 - 17 所示。

图 2 - 11 敲门

图 2 - 12 推门

图 2 - 13 进门

图 2 - 14 关门

图 2 - 15 退步离开

图 2 - 16 微笑致意

图 2 - 17 告别关门

四、从容落座

（1）在面试官示意下就座，并致谢。

（2）如果指定座次，则坐在指定的位子。若无指定位置，可以选择面试官对面的位子坐定，方便与主考官交谈。

（3）坐在椅子 2/3 处，保持身体正直。

（4）男生、女生坐姿端正，如图 2 - 18 所示。男生的电脑包放在地上，女生手包放在椅后。

五、自我介绍

（1）面带微笑，正视对方，进行介绍，如图 2 - 19 所示。

图 2 - 18 坐姿端正

图 2 - 19 自我介绍

（2）最好在 1 ~ 3 分钟之内完成，简洁、明快、干脆、有力。

（3）介绍时语言流畅，重点突出。

① 礼貌地问候。比如："经理，您好，谢谢您给我这个机会，现在，我向您作个简单的自

我介绍……"介绍完毕以后，要注意向面试官致谢，并且还要向在场的其他面试人员致谢。

② 主题要鲜明。介绍姓名、年龄、籍贯、学历等后，按照招聘方的要求从自己的工作能力及经验出发作详细的叙述，而且整个介绍都是以这个重点为中心。

小提示

面试常见问题

1. 介绍下自己？　　　　　5. 你有什么特长？

2. 是否了解用人单位？　　6. 你有什么优点？

3. 你学过什么课程？　　　7. 你是否打算继续学习？

4. 你是否喜欢自己的学校？　8. 你还有什么疑问？

六、学会聆听

（1）听话时要以恰当的呼应主动参与。

（2）参与时可用简洁的语句"嗯""是的"。

（3）也可用无声的体态语言，如微微的点头、专注的神情、会心的微笑来回应。

七、从容作答（如图2-20所示）

（1）回答面试官的问题要简练、完整。

（2）不要打断面试官的问话或抢问抢答。

（3）一时回答不上来的问题，应如实相告，忌含糊其辞和胡吹乱侃。

（4）对重复的问题要有耐心，不要表现出不耐烦。

图2-20 从容作答

八、举止文雅

（1）谈话中眼睛适时注视对方，不要眼皮下垂，缺乏自信。

（2）不要主动伸手与面试官握手，若面试官伸手时，应马上伸手回应。

（3）动作表情自然，不要挠头、抠鼻、摆弄衣角，跷腿、拨弄头发、左摇右摆、双臂交叠胸前、单手或双手托腮都不适宜。

（4）避免把弄手指或圆珠笔、眼镜及说话时用手掩嘴。

九、礼貌告辞

（1）当面试官用"同你谈话我感到很愉快""感谢你前来面谈"等辞令来结束谈话

时，应聘者应该知道，这时面谈结束了。

（2）应保持微笑及时起身，向面试官行礼并致谢。

（3）放好座椅，然后从容地离开面试室。

（4）对其他招呼你的工作人员也应表示谢意。

小提示

离开时仍然不要主动与面试官握手，除非面试官主动伸手。

加油站

面试官的暗示意味着面试即将结束

身体语言上，面试官一般会看看手表或者站起身和你握手。

口头语言上，面试官会说："谢谢你对我们招聘工作的关心，我们一有决定马上通知你。"

"好了，你的情况我们再研究一下。"

"我很感谢你对我们公司这项工作的关注。"

"你还有什么疑问？"

 拓展训练

训练 1：

仔细观察图 2 - 21 等待面试，图 2 - 22 递送简历，图 2 - 23 拉椅向前，图 2 - 24 不敢直视，图 2 - 25 主动伸手，图 2 - 26 摆弄头发，并判断对错。

图 2 - 21 等待面试

图 2 - 22 递送简历

图 2 - 23　拉椅向前

图 2 - 24　不敢直视

图 2 - 25　主动伸手

图 2 - 26　摆弄头发

训练 2：

情境模拟

金岭文化咨询公司准备招聘办公室文员 5 人，来到学校举行校园招聘会。结合所学知识和你对行业要求的了解，设计面试场景和情节，学生分别扮演面试官和应聘者，进行面试模拟演练。

实训要求：

（1）本实训可在教室或模拟场所进行。

（2）将学生 5~6 人一组，分成若干学习小组，当一组进行情境模拟时，其他组可作评估。

任务评价

任务 5　评　价　表

被评价人_____

考核项目	评价标准	分值	自评	互评	得分
到达	提前到达，表现诚意	10			

续表

考核项目	评价标准	分值	自评	互评	得分
等候	整理仪表，耐心等待	10			
进退	得到允许，微笑进入	10			
	退步离开，回身关门	10			
落座	示意后坐，坐姿端正	10			
介绍	简洁明快，重点突出	10			
聆听	认真聆听，主动参与	10			
作答	简练完整，如实相告	10			
举止	落落大方，切勿伸手	10			
告辞	适时告辞，行礼致谢	10			
总 分		100			
综合评价					

任务6　面试后礼仪

任务目标

1. 掌握使用电话表达感谢的时间、长短和内容；
2. 掌握写感谢信的时间、形式、内容、格式；
3. 学会给面试官写一封感谢信；
4. 掌握使用电话查询面试结果的方法；
5. 掌握正确接收录取通知的方法，提升学生求职面试能力。

任务情境

李海新参加完学校组织的招聘会的面试后，心里七上八下的，不知面试结果如何……好在她记下了公司经理的电话，迫不及待地拿起电话给张经理打了过去。

"喂，张经理吗？我想问问前两天的面试有结果了吗？"张经理皱了皱眉，问道："请问，你是谁呀？""我就是那天在学校最后一个面试的，个子高高的女生。""请问，你是那个学校的，叫什么名字？"李海新这才意识到，连忙说明自己身份，在电话的那一端，张经理在李海新的求职信上写下了今天的印象。

李海新的面试失败了。

想一想：李海新面试失败的原因是什么？请你帮她补上这一课。

任务解析

在求职的过程中，许多求职者只留意面试时的礼仪，而忽略了面试后的礼仪。

面试后礼仪包括电话感谢、信件感谢、适时查询面试结果、接收录取通知等内容。李海新之所以面试没有成功，就在于她不懂面试后的礼仪常识。

本任务旨在培养学生在求职面试后，能通过电话向面试官表示感谢；能按照感谢信的时间、形式、内容、格式给面试官写一封感谢信；灵活掌握使用电话查询面试结果的方法，正确接收录取通知，树立良好的职业形象。

训练内容

步骤 1：电话感谢

每 4~6 人为一组，想一想，议一议，面试后，致电表示感谢应在什么时间完成？组内练习如何致电表示感谢。

步骤 2：写感谢信

（1）每 4~6 人为一组，讨论一下，感谢信的时间、形式、内容、格式是什么？

（2）假定当你完成面试后，尚不知面试结果，以组为单位，拟一封邮件，并在全班交流。

步骤 3：电话查询结果

每 2 人一组，讨论一下，电话查询面试结果的具体要求，练习谦恭礼貌地打电话询问面试结果。

步骤 4：接收录取通知

每 4~6 人一组，讨论一下接收录取通知应做哪些思考和准备。

知识链接

许多求职者在求职的过程中只留意面试时的礼仪，而忽略了面试后的礼仪。实际上，面试结束并不意味着求职过程的完结，求职者在等待聘用通知到来的同时，还应做好以下工作。

一、表示感谢

为了加深招聘人员对你的印象，增加求职成功的可能性，对想要抓住工作机会的求职者来说，面试后的两三天内最好对面试官表示感谢。

1. 打电话 （如图 2-27 所示）

（1）感谢的电话应该在面试后的一两天内进行。

（2）电话感谢要简短，最好不超过 3 分钟。

（3）电话里不要询问面试结果。

图 2 - 27 电话致谢

2. 写感谢信

考官们对面试人员的印象是短暂的，感谢信是求职者的最后机会，它会使你与众不同。

（1）时间。一般在参加面试之后两三天之内发出。

（2）形式。有电子邮件和书面信函两种。

（3）内容。应简洁，不超过一页纸，关键是表明态度。

（4）格式。写给具体的负责人，信的开头应提及自己的姓名及简单情况以及面试的时间，并对招聘人员表示感谢等；中间部分要重申你对该公司、该职位的兴趣，或增加一些对求职成功有用的新内容；结尾可以表示你对能得到这份工作的迫切心情，以及为新单位做贡献的决心。

例文 感 谢 信

尊敬的张处长：

您好！

我是张红莲，北京求实职业学校行政文秘专业的应届实习生。

感谢 4 月 22 日贵公司给了我一个面试的机会。这次面试，从各方面开阔了我的视野，增长了见识。感谢公司对我的关爱，感谢公司给我的这次难忘的经历！

无论这次我是否能被公司录用，我更坚信——选择贵公司是明智之举。无论今后我会在哪个单位上班，我都将尽心尽责做一位具有强烈责任感，与单位荣辱与共的员工。

虽然现在我还很平凡，并不是最优秀的，但勤奋进取、永不服输是我的特点，如有机会为贵公司服务，我将竭尽所能。

感谢的同时，祝贵公司事业一帆风顺！

此致

敬礼！

张红莲

2014 年 4 月 25 日

二、不打听结果

一般情况下，招聘单位最后确定录用人选可能需要三五天时间。求职者在这段时间内一定要耐心等候消息，不要过早打听面试结果。

三、收拾心情

如果同时向几家公司求职，在一次面试结束后，则要注意调整自己的心情，全身心投入第二家单位的面试，不应该放弃其他机会。

四、查询结果

一般来说，如果求职者在面试的两周后，或主考官许诺的时间到来时还没有收到对方的答复时，就应该打电话给招聘单位，询问面试结果。

（1）应选在正常工作日的时间段内（方便的时间）打这个电话。

> **小提示**
>
> 不方便接听电话的时间
>
> 工作繁忙时间：周一上午和周五下午；
>
> 休息时间：工作日的中午一小时、下班以后和节假日；
>
> 生理疲倦时间：中午下班前半个小时和下午下班前一个小时。

（2）谦恭礼貌地询问面试结果。"张处长，您好！我是求实职业学校的学生张红莲，4 月 22 日面试公司的办公室文员职位，不知现在有结果了吗？"

（3）查询面试结果的电话最多打三次。

（4）如果知道自己没有被录取，可以请教一下原因。"对不起，我想请教一下没有被录取的原因，我好再努力。"

五、接收录取通知

作为一名求职者，多次的面试之后，得到录取通知，也要做如下慎重思考。

（1）这是你的第几选择？是你喜欢的工作吗？

（2）录取的条件和面试时相符吗？

如果是你不愿意或不喜欢的工作，很难在今后的工作中做出成绩。

（3）在得到肯定的答案后，要全面了解用人单位，为投入工作做准备，如图 2 - 28 所示。

（4）确认好报到的具体时间、地点和联系人。

图 2 - 28　了解信息

加油站

拨打电话礼仪

1. 选好通话的时间

拨打电话，首先要考虑在什么时间最合适。一般不要在早 7 点以前、晚 10 点以后打电话，也不要在用餐时间和午休时打电话，否则，既有失礼貌，也影响通话效果。拨打国际电话还要注意时差。

2. 礼貌的开头语

当对方拿起听筒后，应当有礼貌地称呼对方，亲切地问候："您好！"并自报家门，做适当的自我介绍。如果需要讲的内容较长，可问："现在与您谈话方便吗？"

3. 用声调传达感情

讲话时态度要热忱，吐字清晰，声调平和，能使人感到悦耳舒适，让对方感觉到你的微笑。

4. 有所准备，简明有序

打公务电话掌握"三分钟原则"，基本要求：以短为佳，宁短勿长。

5. 礼貌的结束语

通话完毕应礼貌寒暄："再见！""谢谢！"后，轻轻挂上电话。

 拓展训练

训练 1：

情境模拟

李海新面试失败后，重新学习了面试后的礼仪，认识到了自己的问题，打电话过去表示感谢，感谢张经理能给自己一个认识不足的机会。

训练2：

情境模拟

张红莲参加金岭文化咨询公司的面试三天后，打电话到公司询问面试结果，在获知已经通过面试时，欣喜的同时礼貌地表示感谢。

实训要求：

（1）本实训可在教室或模拟场所进行。

（2）2人一组，互换角色，模拟李海新、张红莲打电话的情境。

任务评价

任务6　评　价　表

被评价人_____

考核项目	评价标准		分值	自评	互评	得分
电话感谢	时间适当，内容简洁明了		30			
感谢信	邮件	内容简洁，格式正确	30			
	信函	内容简洁，格式正确				
查询结果	谦恭礼貌，得体大方		20			
接收录取通知	慎重思考，积极准备		20			
总　　分			100			
综合评价						

项目三　职场办公礼仪

人无礼则不生，事无礼则不成，国无礼则不宁。

——荀子（战国后期著名思想家、教育家、文学家）

 项目概述

职场办公礼仪不仅可以有效地展现一个人的教养、风度和魅力，还体现出一个人对社会的认知水准、个人学识、修养和价值。遵守办公礼仪，是职场人士的基本要求。

本项目主要介绍职场办公礼仪中的接待礼仪、电话礼仪、传真、电子邮件礼仪知识。通过本项目的学习，能够加深学生对办公礼仪的认知，掌握办公礼仪中有关接待、电话、传真、电子邮件的礼仪、礼节，提高学生的自身礼仪修养、职业素养以及适应职场工作的能力，为就业奠定坚实的基础。

 项目分解

任务 7　接待礼仪

任务 8　电话礼仪

任务 9　传真、电子邮件礼仪

任务 7　接 待 礼 仪

 任务目标

1. 掌握迎接客户的礼仪规范，做好接待工作；
2. 掌握奉茶礼仪规范；
3. 掌握陪车礼仪规范；
4. 掌握递物接物礼仪规范；
5. 掌握引导礼仪规范。

任务情境

森宝药业集团公司准备为一家外资企业推荐一套自己集团目前生产的最先进的输液管生产线，经过前期沟通后，外资企业的副总决定派人到森宝药业集团公司进行实地考察并落实合作事宜，森宝药业集团公司接到消息后，迅速安排办公室小谢负责此次接待。

想一想：小谢该如何做好此次接待工作？在接待过程中应遵循哪些礼仪？

 **任务解析**

接待工作是办公室人员的一项经常性的工作，从接受接待任务，到筹备、组织等工作，都要认真准备和设计，并且要按照一定的礼仪规范进行操作。办公室接待工作是企业自我展示的机会，通过热情、得体、规范的接待感染对方，向对方企业展示严明而有条理的管理、高效的工作作风、团结协作的人际关系。按照礼仪要求和接待程序做好办公室接待工作，给到访人员留下良好的第一印象，也给自己的工作打下坚实的基础。

办公室接待包括预约接待和未预约接待。主要有迎接、奉茶、递物接物、陪车、引导等礼仪。小谢将按照上述接待内容做好此次的接待工作。

本任务旨在培养学生在职场中，能按照礼仪规范做好接待的各项工作；正确使用接待语言和迎、送、引、领技巧；提升办公室工作能力。

训练内容

步骤 1：迎接礼仪

每 4~6 人为一组，讨论一下，小谢怎样热情迎接外资企业的到来？请派代表模拟热情迎接的情境。

步骤 2：奉茶礼仪

每 4~6 人为一组，讨论一下，奉茶的礼仪规范有哪些？请派代表模拟奉茶的情境。

步骤 3：递物接物礼仪

每 2 人一组，模拟递接文件资料的情境，并说说递物接物的礼仪规范。

步骤 4：陪车礼仪

每 4~6 人一组，讨论一下上车、下车的基本礼仪有哪些？应如何安排座位？

步骤 5：引导礼仪

每 4~6 人为一组，想一想，议一议，接待过程中的引导礼仪有哪些规范？在哪些地方需要做引导？

 知识链接

一、迎接礼仪——展示企业形象的窗口

在办公室接待中，接待要热情而友善，这是最基本的礼仪。"坐、请坐、请上座，茶、上茶、上好茶"，这是必讲的。接待时要注意待客三声：来有迎声、问有答声、去有送声。客人到你这里来，你见了面，要先打个招呼。作为办公室接待人员，注意这些细节是非常重要的。

1. 热情迎接

一般情况下接待客人进入时，要主动开门。如果门是向外开的，用手或身体挡住门，让客人先进入，如图 3-1 所示；相反门往里开，你先进入，按住或挡住门后再请客人进入，如图 3-2 所示；同时面对客人微笑着说"请进"并伸手示意方向。请客人进入后再慢慢关上房门，跟随进屋。在开启大门后，要以亲切的态度、微笑的面容先向客人礼貌问候。

图 3-1 门向外开

图 3-2 门向里开

2. 主动寒暄

寒暄是与客人见面时以相互问候为内容的应酬谈话，属于非正式交谈，它的主要功能是打破彼此陌生的界限，缩短双方的感情距离，创造和谐的气氛，以利于正式话题的开始。说第一句话的原则应是：亲热、贴心、消除陌生感。

客套话要运用得妥帖、自然、真诚，言必由衷，为彼此的交谈奠定融洽的气氛。要避免粗言俗语和过头的恭维话。如"久闻大名，如雷贯耳""今日得见，三生有幸"。

二、奉茶礼仪——展示你的热情

（1）客人落座后，首先应端茶递水，如果是盛夏，可以送上清凉饮品，如有可能，可以提出几种饮品请客人选择。

（2）首次沏茶，七分满即可。

（3）送茶时最好使用托盘，将茶杯放入托盘内，以齐胸的高度捧进，先将托盘放在桌上，再取出茶杯，杯耳朝着客人，双手敬上，先宾后主，并轻声招呼："请用茶！"如图3-3所示。

图3-3 奉茶

（4）续水时，要将茶杯拿离茶桌，以免倒在桌上或弄脏客人衣服。

（5）退出时，通常手持托盘，面对客人倒退几步，在离开客人的视线后再转身，背对客人静静退出。

小提示

尽量不要用一只手上茶，尤其不能用左手。切勿让手指碰到杯口。把握好续水的时机，以不妨碍宾客交谈为佳，不能等到茶叶见底后再续水。

三、递物接物礼仪——传递你的文明

递接物品是工作中最常见的举止动作，但这一小小的动作往往却能给人留下难忘的印象。

1. 递接文件资料

工作中有文件资料需要上级领导过目签字时，应该用双手递上文件或资料，并且使文件的正面对着接物的一方，不可倒置。待领导签字结束后，也要双手接过文件，放在左小臂上，用左手托住，同时说："谢谢"，如图3-4、图3-5所示。切记不要一只手拎着文件材料。

图3-4 递文件

图3-5 接文件

2. 递接其他物品

递笔、剪刀之类尖利的物品时，需将尖端朝向自己，握在手中，而不要指向对方。递水果时应洗涮干净，去皮切块，放入水果盘中，摆上叉子或牙签。

> **小提示**
>
> 　接取物品时，应当目视对方，而不要只顾注视物品，一定要用双手或右手，不宜单用左手。必要时，应当起身而立，并主动走近对方。当对方递过物品时，再用手前去接取，切勿急不可待地直接从对方手中抢取物品。

四、陪车礼仪——展现你的素养

陪车时应遵循"客人为尊、长者为尊"的原则。

1. 上车礼仪

上车时，为领导和客人打开车门的同时，左手固定车门，右手护住车门的上沿（左侧下车相反），防止领导和客人碰到头部，确认领导和客人身体安全进车后，自己再进入车内。

2. 下车礼仪

下车时，自己先打开车门下车，然后再请领导和客人下车。如果很多人坐一辆车，那么谁最方便下车谁先下车。

3. 乘车的座次礼仪

办公室文员在接待工作中常常为来宾安排乘坐轿车等事宜，乘车座次如何安排也是体现办公室文员工作是否周密、对来宾是否尊重的一个重要方面，因此不可小视。按国际惯例，尊者位为车后右座，副驾驶通常为助手、保镖等专用。具体乘车座次安排如下：

（1）驾驶者是主人。当主人开车时，位次尊卑顺序不同。双排五座轿车，位次安排如图 3-6 所示；三排七座轿车（中间为折叠），位次安排如图 3-7 所示。

（2）驾驶者是专职司机。双排五座轿车位次安排如图 3-8 所示；三排七座轿车位次安排如图 3-9 所示。

图 3-6　主人驾车位次 1

图 3-7　主人驾车位次 2

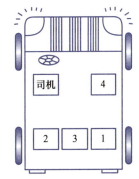
图 3-8　专职司机驾车位次 1

（3）当乘坐车辆为越野车、多排座车时的位次安排如图 3-10、图 3-11 所示。

图 3-9　专职司机驾车位次 2

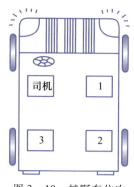

图 3-10　越野车位次

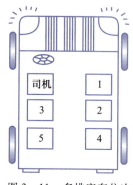

图 3-11　多排座车位次

小提示

通常，在正式场合乘坐轿车时，应请尊长、女士、来宾就座于上座，这是给予对方的一种礼遇。但更为重要的是，不要忘了尊重嘉宾本人的意愿和选择，并应将这一条放在最重要的位置。应当认定：必须尊重嘉宾本人对轿车座次的选择，嘉宾坐在哪里，即应认定那里是上座。即便嘉宾不明白座次，坐错了地方，轻易也不要对其指出或纠正。务必要讲究"主随客便"。

五、引导礼仪——体现你的尊重

办公室接待人员带领客人到达目的地，应该有正确的引导方法和引导姿势。

1. 走廊引导

接待人员应走在客人一二步之前，配合步调，让客人走在内侧，如图 3-12 所示。

2. 楼梯引导

当引导客人上楼时，应该让客人走在前面，接待人员走在后面，如图 3-13 所示。下楼时，接待人员走在前面，客人在后面。

3. 电梯引导

引导客人乘坐无人看守的电梯时，接待人员先进入电梯，等客人进入后关闭电梯门。电梯内尽量侧身面对客人。到达目的楼层时，接待人员一手按开电梯门，另一手做出请出的动作，可说："到了，您先请！"当客人走出电梯后，接待人员立刻走出电梯，并热诚地引导行进方向。

图 3 - 12 走廊引导

图 3 - 13 楼梯引导

小提示

引导礼仪注意事项

1. 一般情况下，引导人员应在来宾的左前方。

2. 引导人员的步调要适应来宾的速度。

3. 引导时，多用语言提醒，多用敬语，注意保护来宾安全。

加油站

办公室女性六注意

1. 不要和同事有过密私交。通常朋友是我们在遇到困难时第一个想到的人，但是再好的朋友一旦碰到利益的纷争，势必会产生矛盾，甚至会产生严重的心理伤害。

2. 用热情温暖每一个同事。学会每天来到公司，对每一个遇见的同事说声：你好。尊重别人就是尊重你自己。

3. 修饰自己也要赞美别人。职业女性的外表修饰无疑是每天良好工作的开端，在扮美自己的同时，也不要忘记赞美身边的同事。

4. 尊重领导还需努力沟通。不少女性由于害怕被别人说闲话而远离男性领导。其实，适当的沟通无疑能为你的工作营造良好的环境。

5. 善用礼物建立良好关系。同事升迁、过生日、拿下签证，大大小小的喜事出现时，恰当的小礼物不仅能以示祝贺还能尽显温馨。

6. 出色工作改变花瓶印象。容貌娇好的女性很容易被人当成花瓶，所以在工作中更要加倍努力。

 拓展训练

训练1：

仔细观察图3-14递物、图3-15接物，并判断对错。

图3-14 递物

图3-15 接物

训练2：

情境模拟

办公室小张正在处理一份文件，这时来了一位预约客人找李厂长，小张热情地进行了接待……

第二天，办公室主任让小张随李厂长到火车站去接合作公司的李副总，不料，市内交通拥挤，他们迟到了10分钟，李厂长不住地打招呼，表示歉意。这时，小张拉开车前门请李副总上车，说："这里视线好，您可以看看我们江城的市貌。"随后，又拉开车右后门请李厂长入座，自己则做到了左后门的位置。事后，小张受到了批评。

请模拟演示小张接待预约客人及接站的全过程，并分析小张受批评的原因。

实训要求：

（1）本实训可在教室或模拟场所进行。

（2）将学生分成若干学习小组，当一组进行情境表演时，其他组可作评估。

任务评价

任务 7　评　价　表

被评价人＿＿＿＿＿＿＿＿

考核项目	评价标准	分值	自评	互评	得分
迎接	热情主动迎接，寒暄得体	20			
奉茶	动作规范，有礼貌	20			
递物接物	递接物品方式正确	20			
陪车	上下车次序正确，乘车位次安排正确	20			
引导	接待引导符合礼仪规范	20			
总　分		100			
综合评价					

任务 8　电 话 礼 仪

任务目标

1. 掌握接听电话的礼仪规范；
2. 掌握拨打电话的礼仪规范。

任务情境

　　王峰由于工作突出，调到办公室主持日常工作。在公司刚刚举办的夏季服装产品展销会上，王峰与很多经销商建立了良好的关系。他觉得展销会结束了，但与经销商的关系还要维系。要在恰当的时间给经销商打电话联络，把自己的这种心情表达出来，给客人留下良好的印象。

　　想一想：王峰该如何正确地拨打电话？经销商又该如何正确地接听电话？他们各自在接打电话时应注意什么问题？

任务解析

　　接打电话是办公室文员的一项基本功，关系着领导和组织的工作成效，影响着领导和组织的形象。它已经成为我们日常工作中必不可少的沟通工具。正确的接听电话、拨打电话，掌握接打电话中的礼仪规则，可为你的交往架起友谊和成功的桥梁。

电话礼仪主要包括接听电话礼仪、拨打电话礼仪及接打电话应注意的问题。王峰要想与经销商建立良好的关系，就必须学会正确地接听和拨打电话。

本任务旨在培养学生在职场中遵守电话礼仪规范，正确使用电话进行文明而有效的沟通，树立良好的公司及个人形象。

 训练内容

步骤 1：接听电话礼仪

每 4~6 人为一组，讨论一下，怎样接听电话？请派代表模拟接电话的情境。

步骤 2：拨打电话礼仪

每 4~6 人为一组，讨论一下，怎样打电话？请派代表模拟打电话的情境。

步骤 3：接打电话注意事项

每 4~6 人为一组，讨论一下，接打电话需要注意哪些事项？

 知识链接

一、接听电话礼仪

1. 及时接听

如果电话铃声一响起，就应立即放下手头的事去接听。在接听电话时，我们提倡"铃响不过三"。如果超过三声铃响，再接电话，必须先说"对不起"。

2. 自报家门

拿起听筒后，首先要问好，然后清晰说出自己的全名，有时也有必要说出自己所在单位的名称。同样，一旦对方说出其姓名，你可以在谈话中不时地称呼对方的姓名。

3. 认真记录

在手边放有纸和铅笔，随时记下你所听到的信息，如图 3-16 所示。一般不要打断对方说话，如果必须打断时，则应说"对不起，打断一下"。

4. 复述内容

对于重要电话，应该重复关键内容，确保信息准确无误。

5. 转接电话

首先必须确认要找的人在办公室，并说

图 3-16 接听电话

"请稍等"。

6. 礼貌结束

通话结束后，应礼貌告别，并轻轻放下电话。

二、拨打电话礼仪

1. 选好时间

打电话要注意时间适宜。尽量避开上午 7 点前、晚上 22 点以后及午休、吃饭等时间。

2. 事先准备

每次通话前，最好做好充分的准备工作，如事先核对对方的电话号码、单位名称、人名；写出通话的要点或询问的事项，斟酌一下用词。

3. 长话短说

通话的时间不宜过长，力求遵守"三分钟"原则。即：拨打电话时，将通话时长控制在三分钟之内（重要、紧急事务除外）。

4. 注重礼节

（1）主动问候。接通电话，应主动友好、恭敬地以"您好！"为开头问候。

（2）自报家门。问候完毕后，接下来必须自报家门和证实一下对方的身份。

（3）道别语。终止通话，预备放下话筒前，应说"再见"或道谢的话语，通话完毕听筒置放要轻。

三、接打电话的注意事项

（1）传达事情，应重复重点，特别是数字、日期、时间，应再次确认，以免出错。

（2）接打电话时，要音量适中，亲切自然。

（3）遇到客人来访，要和眼前等候的客人打招呼，得到允许后，再挂电话。

（4）接到陌生人电话，不可直来直去地将情况告诉对方，当对方要找的人不在时，请不要随便说出其行踪或告诉其电话。

（5）如果听不清对方说话，应说："对不起，听筒好像有问题，听不清楚，能再大声说一下吗？"

（6）通话完毕听筒置放要轻。一般讲，应该是打电话者先搁话筒，接电话者后搁话筒。但假如是与上级、长辈、客户等通话，无论你是发话人还是受话人，最好是让对方先挂断。

（7）如果拨错电话号码，应向接听者表示歉意，不要一言不发，挂断了事。

（8）接打电话要注意姿态。站着接打电话，应收腹、挺胸，双腿自然站立。坐着接打电话时，应坐姿端正，双腿并拢，背挺直，双肘支在桌面上。一般用左手握话筒，右手执笔做记录。

加油站

接打电话常用礼貌用语

1. 您好！这里是×××公司×××部（室），请问您找谁？

2. 我就是，请问您是哪一位？……请讲。

3. 请问您有什么事？（有什么能帮您？）

4. 您放心，我会尽力办好这件事。

5. 不用谢，这是我们应该做的。

6. ×××不在，我可以替您转告吗？（请您稍后再来电话好吗？）

7. 对不起，这类业务请您向×××部（室）咨询，他们的号码是……（×××同志不是这个电话号码，他（她）的电话号码是……）

8. 您打错号码了，我是×××公司×××部（室），……没关系。

9. 再见！

10. 您好！请问您是×××单位吗？

11. 我是×××公司×××部（室）×××，请问怎样称呼您？

12. 请帮我找×××同志。

13. 对不起，我打错电话了。

 拓展训练

训练1：

以下是接电话礼仪测试题，对照自己平时接电话的实际表现，做一下评估。

1. 电话一响立即或者响过四五声再从容地接起来。（　　）

2. 如果不是本部门的电话，就没必要理，免得耽误正常的工作。（　　）

3. 如果是其他同事的业务电话，要立即大声喊他来接。（　　）

4. 手头工作实在太忙的时候，可以不接电话或是直接把电话线拔掉。（　　）

5. 如果两部电话同时响起来的时候，只能接一部，另一部不用管它了。（　　）

6. 快下班的时候，为了能更好地解答客人咨询，让客人改天再打电话来。（　　）

7. 接客人电话的时候，要注意严格控制时间长度，牢记"三分钟"原则。（　　）

8. 如果电话意外中断了，即使知道对方是谁也不应该主动打过去，而是等对方打过来。（　　）

9. 接到打错的电话，不用理会，马上"啪"地挂掉，不能耽误工作时间。（　　）

10. 在和客人谈事的时候，如果手机响了，应该避开客人到其他地方接听。（　　）

训练2：

情境模拟

秘书：下午好，这里是总裁办公室，很高兴为您服务，请讲。

客户：您好，麻烦您转一下王家荣王总。

秘书：先生您好，很高兴为您服务，我姓李，请问该怎么称呼您？

客户：我姓张。

秘书：张先生您好，请您稍等，我马上为您转王总。

客户：好的，谢谢。

秘书：张先生，非常抱歉，王总的电话现在没有应答，张先生，需要我帮您给王总留言吗？

客户：好的，你告诉他就说张力来过电话了。

秘书：好的张先生，需要我记录一下您的电话号码吗？

客户：他知道的，你说张力就可以了。

秘书：好的张先生，我已经记录下来了，我一定会尽快转告王总，张力张先生您给他来过电话了。张先生，您还有其他的吩咐吗？

客户：没有了，谢谢你。

秘书：不客气，张先生，祝您下午愉快！张先生，再见！

客户：谢谢！再见！

请将以上情境连贯演示出来。

实训要求：

(1) 本实训可在教室或模拟场所进行。

(2) 将学生分成若干学习小组，当一组进行情境表演时，其他组可作评估。

任务评价

任务8 评 价 表

被评价人_____

考核项目	评价标准	分值	自评	互评	得分
接听电话	接听及时，通话时间不超三分钟	10			
	表明身份，有问候语	10			
	态度和蔼，面带微笑	10			
	复核重要电话内容	10			
	姿态规范，有记录	10			
	通话结束，让对方先挂断电话，轻搁话筒	10			
拨打电话	时间的选择正确	10			
	打电话前准备充分	10			
	能自报家门，有礼貌用语	10			
	注意微笑交谈，口气温和、音量适中	10			
	总 分	100			
综合评价					

任务9 传真、电子邮件礼仪

任务目标

1. 掌握收发传真礼仪；
2. 掌握收发电子邮件礼仪。

任务情境

李雪是某公司的办公室主任，她安排办公室文员刘洋给上海分公司发送一份传真。然后自己打开公司邮箱，查看公司的电子邮件。其中一封没有标注主题的订购产品的邮件被李雪当垃圾邮件删掉了。过了两天，对方打来电话询问此事，才知道误删了邮件，于是要求对方再发送一封电子邮件。

想一想：李雪为什么会误删邮件？如何正确收发电子邮件和传真？

任务解析

在日常工作中，经常需要将一些文件、图片、报表等资料要通过传真、电子邮件送到往来对象手中。办公人员在使用传真、电子邮件时，必须牢记维护个人和所在单位的形象问题，必须处处遵循传真、电子邮件礼仪。因为传真、电子邮件的礼仪与水平不仅代表一个人的专业能力、沟通能力，更显示出一个人的为人处世的态度。

传真、电子邮件礼仪主要包括收发传真的礼仪，收发电子邮件的礼仪。由于电子邮件发送不规范，导致李雪在工作中出现了失误，差一点给公司带来了损失。

本任务旨在培养学生在职场中遵守传真、电子邮件的礼仪规范，学会收发传真和电子邮件，提高学生的职业素养，培养学生的职业能力，为将来工作打下坚实的基础。

训练内容

步骤1：电子邮件礼仪

每4~6人为一组，讨论一下，怎样接发电子邮件？

步骤2：传真礼仪

每4~6人为一组，讨论一下，怎样接发传真？

 **知识链接**

电子邮件、传真是工作中不可缺少的沟通工具，它在给人们带来方便的同时，也给礼仪带来了新的要求和内容。作为办公文员，一定要掌握收发传真、电子邮件礼仪。

一、收发电子邮件的礼仪

电子邮件，即 E-mail，因其方便快捷，费用低廉，赢得了人们的喜爱，收发电子邮件同样讲究礼仪规范。

1. 主题要提纲挈领

主题是接收者了解邮件的第一信息，为此，邮件的主题要提纲挈领地反映文章的内容，这样可以让收件人迅速了解邮件内容并判断其重要性。切忌使用含义不清的主题，如"王先生收"。也不要使用无实际内容的主题，例如："嘿！"或是"收着！"切记：不要空白标题，这是最失礼的表现。

2. 内容要简明、扼要、严谨

电子邮件的内容要简明扼要，多用简单词汇和短语，准确清晰地把事情表达清楚。如果正文内容较多，可以附件的形式发送给对方。切记不要让人家拖动滚动条才能看完邮件。

3. 注意形象、称谓得体

电子邮件书写格式要规范，邮件开头要称呼收件人，且称谓要得体。通常情况可称"×先生""×小姐"；如对方有职务，可按职务尊称对方。不可直呼其名。结尾要有发件人的签名。

4. 及时回复，注意技巧

（1）及时回复 E-mail。当你收到他人的重要的电子邮件后，一定及时回复。通常情况下，紧急邮件要在 2 小时之内回复，一般邮件可集中在 24 小时之内回复完毕。如果你出差或休假，一定要设置自动回复功能，提示发件人，以免影响工作。

（2）有针对性回复。当你回复邮件时，一定要针对答复问题进行回复。可将相关问题抄到回件中，然后再解答。回复邮件不要少于 10 个字，以示对对方的尊重。

5. 扫描病毒，确保安全

电子邮件是计算机病毒传染源和感染病毒的主要渠道，收发电子邮件都要远离计算机病毒。如果没有反病毒软件适时监控，发送邮件前一定要先杀毒，以免将带有病毒的信件发给对方。接收电子邮件更要注意安全。对于来历不明的信件必须谨慎处理，若不确定则最好删除。对于没有正文仅有附件的不明邮件，原则上都不应该打开。

二、传真礼仪

　　传真机是远程通信方面的重要工具，如图3-17所示，因其方便快捷，在商务活动中使用频率越来越高，收发传真是我们办公文员经常要做的一件事，因而要讲究收发传真的礼仪。

图3-17　传真机

1. 事前通报

　　为确保传真发送的准确无误，在发传真之前，最好先打电话通知对方，确保传真能被对方准确接收。

2. 热情有礼的问候

　　书写传真件时，应做到清楚、简洁，有礼貌。发送传真时，要有必要的问候语与致谢语。发送文件、书信、资料时，更是要谨记这一条。

3. 及时回复、转交

　　人们在使用传真设备时，最为重视的是它的时效性。因而在收到他人的传真后，应该在第一时间内即刻采用恰当的方法告诉对方，免得对方惦记。需要办理或转交、转送别人发来的传真时，千万不可拖延时间，延误对方的事情。

4. 机密内容不宜传真

　　很多单位都是大家共用一台传真机，因而保密性不强。未经事先许可，不应传送保密性强的文件或材料。

加油站

传真、电子邮件礼仪的注意事项

　　1. 在你转发消息之前，首先确保所有收件人需要此消息。

　　2. 转发敏感或者机密信息要小心谨慎，不要把内部消息转发给外部人员，或者未经授权的接收人。

　　3. 如果有需要还应对转发邮件的内容进行修改和整理，以突出信息。

4. 不要将转了几十层的邮件发给他人，让人摸不着头脑。

5. 对外重要文件必须经高级主管认可签字转为 PDF 文件，或由高级主管亲自发送。

6. 所有的电子邮件应自我检查后才发出。

 拓展训练

训练1：

以下是一封长春公关顾问公司玉峰经理写给某公司张老师的信函邮件，请根据收发电子邮件的礼仪，评论一下这份电子邮件。

张先生：

您好！我是长春公关管理顾问有限公司的玉峰。很高兴能够认识您，并有幸将我们公司介绍给您。我们公司的培训主要以素质技能技巧为主，曾经成功地为欧亚集团、吉林农行、工商银行、中国移动通讯公司、吉林邮储银行等多家单位服务过，欢迎您访问我们公司的网址：www.ccprc，附件有公司擅长的培训课程及讲师简介。请您查收。如有任何问题或者建议，请您随时与我联系。

希望我们能达成互补，在未来有合作的机会。感谢您对我们工作的支持。

祝您工作开心快乐！

长春公关顾问管理公司
经理：玉峰

训练2：

情境模拟

人物：主方：A公司总经理钱程　A公司总经理助理玉峰

　　　客方：B公司总经理张丽　B公司总经理助理刘洋

事项：玉峰和刘洋经本公司总经理授权，利用电话联系对方公司的总经理就双方合作事宜和洽谈时间、地点进行了沟通，并在总经理会见后，将洽谈结果用传真和电子邮件分别互传。

实训要求：

每4位同学为一组，分别扮演A公司总经理钱程、总经理助理玉峰，B公司总经理张丽、总经理助理刘洋。模拟电话联络、会面、传真和电子邮件的使用情境。

 任务评价

任务 9　评　价　表

被评价人_____

考核项目	评价标准	分值	自评	互评	得分
电子邮件礼仪	发送邮件主题明确	20			
	内容简明扼要、严谨	10			
	注意形象，称谓得体	10			
	回复邮件及时，得当	10			
	扫描邮件，有安全意识	10			
传真礼仪	传真前做到及时通报对方	10			
	收到传真能及时回复、转交	10			
	传真书写格式规范，有礼貌	10			
	不用传真机传递机密文件	10			
总　分		100			
综合评价					

项目四　职场社交礼仪

> 国尚礼则国昌，家尚礼则家大，身有礼则身修，心有礼则心泰。
>
> ——颜元（清初思想家、教育家）

项目概述

当今社会，初入职场的新人都会面临这样或那样的问题，要想在职场上有所发展、立于不败之地，就必须知礼、懂礼。掌握社交礼仪能够帮助你更快地融入社会，拓展人脉，有利于业务和事业的成功。

本项目主要介绍社交礼仪中的相见之礼、宴请之礼、馈赠之礼、涉外礼仪知识。通过本项目的学习，能够加深学生对社交礼仪的认知，掌握社交活动中有关见面、宴请、馈赠及涉外方面的礼仪、礼节，提高学生的社会交际能力，为求职择业、立足社会奠定坚实的基础。

项目分解

任务 10　相见之礼

任务 11　宴请之礼

任务 12　馈赠之礼

任务 13　涉外礼仪

任务 10　相 见 之 礼

任务目标

1. 能根据不同的社交场合、情境和对象，恰当地称呼他人；
2. 能根据不同的社交场合、情境和对象，得体地问候他人；
3. 掌握介绍他人的顺序；
4. 掌握握手的时机、次序及握手的禁忌；
5. 掌握递接名片的礼仪及递送名片的顺序；

6. 提升学生在工作中与人交往的能力，提升学生适应社会的综合素质。

任务情境

易信物业管理公司创建于 2000 年，是江城一家知名企业。2013 年，刘洋从中等职业学校毕业后慕名到这家企业应聘。这天早上，他洗了澡，换上干净整洁的衣服和鞋袜，神清气爽地去面试。一看他的着装就知道，刘洋是一个平时很注重个人修养的人，给人一种精明、干练的感觉。但是，当他来到人力资源部后，却有些手足无措，不知道该如何是好，人力资源部于经理询问他，他只是"嗯嗯啊啊"，不停地点头。十几分钟过去了，面试结束告辞时，于经理主动伸出手同刘洋握手，刘洋犹豫了一下，伸出了左手。可能是由于紧张的原因，他的手很僵硬，而且，刚让于经理碰到就赶紧缩了回来，也没道谢告辞就急匆匆地走出了办公室。结果刘洋的面试失败了。这一次的面试，让刘洋记忆深刻。他决定重新学习。

想一想：刘洋面试失败的原因是什么？请你帮他补上这一课。

任务解析

相见之礼无时不有、无处不在。它是社交礼仪中最常用与最基础的礼仪。无论是求职应聘，还是其他社交活动，只要是人与人之间的相互交往，都要用到相见之礼，特别是从事办公室文员工作的人，掌握一些相见礼仪，不但能给人留下良好的第一印象，而且能为以后工作的顺利开展打下坚实的基础。

相见之礼包括问候、介绍、握手、交换名片等。刘洋之所以面试没有成功，就在于他缺乏初次见面、握手、问候的礼仪常识。

本任务旨在培养学生在社交场合中，能恰当、得体地称呼、问候他人；能用正确的姿势握手；能针对不同的场合做恰当的自我介绍和为他人做介绍；能根据不同的情境、交往对象，灵活地掌握递接名片的方式，借以建立良好的社交形象。

训练内容

步骤 1：称呼

每 4~6 人为一组，想一想，议一议，在职场中，常见的称呼有几种？刘洋应如何称呼他的面试考官？

步骤 2：问候

每 4~6 人为一组，讨论一下，常用的问候语有哪些？分别用在什么场合？刘洋该如何做？请派代表模拟演示称呼与问候的情境。

步骤 3：握手

每 2 人一组，模拟演示刘洋与于经理握手的情境，并说说握手的原则及禁忌。

步骤 4：介绍

每 4~6 人一组，讨论一下介绍的方式有哪些？刘洋应如何作自我介绍？

步骤 5：递接名片

面试失败后，刘洋找到了失败的原因，经过一段时间的培训，他终于成功地进入这家公司做了一名行政文员。今天刘洋到外地出差，顺路代他的上司王经理去拜访和看望一位老朋友鲁经理，并带一些土特产给鲁经理。刘洋从未见过鲁经理，鲁经理也不认识刘洋。刘洋特意带名片前往。

2 人一组，演示刘洋与鲁总见面时递接名片的情境。

 **知识链接**

一、称呼——建立良好社交形象

人际交往，礼貌当先。选择正确、恰当的称呼，是社交活动中的基本礼貌，也是自身素养的一种展现。因此不能乱用称呼。在职场中常用的称呼方式有：

1. 职务性称呼

以交往对象的职务相称，以表示对对方的尊敬。这是最常用的一种称呼方式。如"董事长""李经理""孙一鸣厂长"等。

2. 职称性称呼

以交往对象的职称相称。特别是具有高级职称者，可以用姓氏加职称。如"张教授""陈工程师（简称：陈工）"、高博士。

3. 行业性称呼

对于一些从事特定行业的人，可以用姓氏加职业的称呼方法，如"王老师"、"李律师""韩医生"等。

4. 商务性称呼

在商务场合中一般可根据性别的不同称其为"先生""女士"。

> **小提示**
>
> 使用称呼就高不就低，忌对领导、长辈、客人直呼其名。

二、问候礼——融洽彼此的感情

问候礼是彰显个人素质修养和企业文化最基本的体现。在社交场合中，热情简洁的问候语犹如温暖的春风，让人感到温馨，产生交往的兴趣。情境不同，所使用的问候语也有所不同，如图 4 - 1 所示。常见的问候语类型有：

1. 表示礼貌的问候语

如："您好""节日好"之类。

2. 表示思念之情的问候语

如："好久不见，你近来怎样？"

3. 表示对对方关心的问候语

如："最近身体好吗？"

4. 表示友好态度的问候语

如："生意好吗？""在忙什么呢？"

图 4 - 1　见面打招呼

小提示

开口莫问"还记得我吗"；慎说"代问夫人好"。

注意：宾主之间的问候要讲究一定的次序，通常是"位低者先问候"。

三、介绍礼——搭起相识的桥梁

在社交活动中，要想扩大交际圈，结交新朋友，就离不开自我介绍和为他人介绍。

1. 自我介绍

一般的社交场合只报姓名。公务场合要介绍单位、部门、职务和姓名。切记把握自我介绍的时机。介绍时间以半分钟左右为宜，无特殊情况不超过 1 分钟。

2. 他人介绍

他人介绍，也叫第三者介绍，如图 4 - 2 所示。他人介绍要遵循"尊者居后"的原则，即将身份、地位较低的一方介绍给身份、地位比较高的一方，以表示对尊者的敬重。目前国际公认的介绍顺序为：

（1）先将男士介绍给女士；

（2）先将未婚者介绍给已婚者；

（3）先将晚辈介绍给长辈；

（4）先将职位低者介绍给职位高者；

（5）先将客人介绍给主人；

图 4 - 2　他人介绍

（6）先将后到者介绍给先到者；

（7）先将个人介绍给集体。

四、握手礼——展示你的真诚

在职场中，握手是司空见惯的礼节，人们相见之时以握手传达相互之间的致意，如图4-3所示。热情、得体的握手能让人感觉身心愉悦，进而增进友谊，促进交流。

图4-3 握手礼仪

1. 握手的时机

通常情况是：初次见面或告别时要握手；表示感激、感谢时要握手；表示慰问时要握手；表示祝贺时要握手。

2. 握手的姿势

双腿立正，上身略向前倾，伸出右手，四指并拢，拇指张开，掌心向内，右手掌与地面垂直，手的高度大致与腰部平齐。握手时，适当用力，上下轻摇几次。时间为3~5秒。手位见图4-4、图4-5、图4-6所示。

图4-4 男士握手：整个手掌

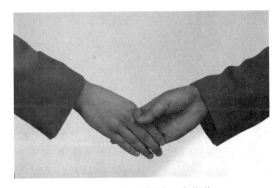

图4-5 女士握手：食指位

图4-6 男士握女士的手指

3. 伸手的先后顺序

按照女士优先、长者优先、职位高者优先的"三优先"原则。具体体现为：

上级与下级握手，应由上级先伸手；

长辈与晚辈握手，应由长辈先伸手；

女士与男士握手，应由女士先伸手；

主人待客时，应由主人先伸手；客人告辞时，应由客人先伸手。

> **小提示**
>
> 　　握手时，伸手的先后次序主要取决于职位、身份。在社交、休闲场合，则主要取决于年纪、性别、婚否。当握手双方符合其中两个或两个以上顺序时，一般以先职位再年龄，先年龄再性别的顺序握手。

4. 握手的禁忌

在社交场合中，握手礼看似简单，但并非所有人都掌握了其要领。由于握手礼表达了众多的情意，传递了不同的信息，因而在使用时要做到正确规范。握手的禁忌，如图4-7、图4-8、图4-9、图4-10、图4-11所示。

图4-7　忌心不在焉

图4-8　忌左手握手

图4-9　忌戴手套握手

图4-10　忌交叉握手

图 4 - 11　忌坐着握手

五、名片礼——社交的联谊卡

在社交场合中，名片常常被人称为自我的"介绍信"和社交的"联谊卡"，其作用不可忽视。

1. 递接名片礼仪

递接名片的礼仪流程。如图 4 - 12、图 4 - 13、图 4 - 14、图 4 - 15 所示。

图 4 - 12　双手递过名片

图 4 - 13　微笑接过名片

图 4 - 14　仔细阅读名片

图 4 - 15　放入上衣内兜

小提示

不要单手递送名片；不要将名字朝向自己；回赠名片，如果没带，可向对方致歉。

2. 递送名片的顺序

（1）男士递给女士。

（2）未婚者递给已婚者。

（3）晚辈递给长辈。

（4）职位低者递给职位高者。

（5）客人递给主人。

（6）后到者递给先到者，个人递给集体。

加油站

各国见面礼仪

鞠躬：日本人见面时要互相问候，脱帽鞠躬，眼睛向下，表示诚恳的态度。韩国人见面也行鞠躬礼。

双手合十：这种礼仪多见于信奉佛教的国家，如泰国。泰国人见面时往往低头问候，并将双手合十于胸前。小辈见长辈双手举到前额高度，平辈到鼻子高度，而长辈还礼只需到胸前即可。

拥抱：在欧美、中东及南美洲常见的礼节，用于熟人和朋友之间，有时伴随着接吻礼，是比较亲密的一种见面礼仪。

吻手礼：流行于欧美上层社会，是一种仅对贵族已婚妇女实施的礼节。

此外，还有举手注目礼、接吻礼、碰鼻礼（新西兰）、贴面礼（阿拉伯国家）。

 拓展训练

训练1：

仔细观察图4-16握手、图4-17递名片，判断对错。

训练2：

情境模拟

吉林某职业技术学院中文系张老师（女）负责省内中职学校教师的"普通话"培训工作。按照培训日程的安排，今天，张老师来到吉林某职业学校，对该校教师进行"普通话"培训。该校办公室秘书李阳带张老师到教务处去见吴主任（男）。

图4-16　握手

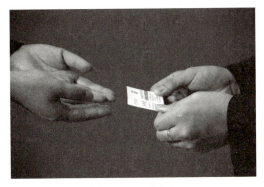
图4-17　递名片

请将称呼、介绍、握手、问候、递接名片等相见之礼连贯地演示出来。

实训要求：

（1）本实训可在教室或模拟场所进行。

（2）将学生分成若干学习小组，当一组进行情境表演时，其他组可作评估。

任务评价

任务10　评　价　表

被评价人_____

考核项目	评价标准	分值	自评	互评	得分
称呼	称呼得当，符合规范	10			
问候	得体地问候对方	10			
介绍	自我介绍，方式得当，内容准确	20			
	介绍他人顺序正确，内容完整	20			
握手	握手姿势准确，伸手顺序正确	20			
名片	递接名片动作准确，符合礼仪规范	20			
总　分		100			
综合评价					

任务 11　宴　请　之　礼

任务目标

1. 掌握中式宴请的邀请赴约、菜单拟定、桌次座次排列及宴请程序礼仪；

2. 掌握西式宴请的入座、桌次座次排列、菜序、摆台、餐具、用餐及酒水礼仪。

任务情境

　　年终岁尾，易信物业管理公司开始筹备年度客户答谢大会，当中最为重要的环节就是公司领导以及重要部门负责人与长期合作的重要客户共同参加的活动晚宴。由于客户来自不同国家和地区，活动晚宴分为中式和西式两场宴会。为此，公司成立了客户答谢会临时活动小组，专门负责此次活动的安排、统筹、协调等工作，刘洋被分到了该小组，和其他成员一起合作完成此项工作。

　　想一想：刘洋和其他的团队伙伴们，应该如何安排此次重要晚宴？

 **任务解析**

　　在职场交往中，出于各种实际需要，办公文员也会参加或组织各种宴请活动。早在《礼记·礼运篇》中，就有"夫礼之初，始于饮食"的结论。因此，宴请已经成为主客之间沟通感情的重要媒介和平台，而宴请礼仪是否规范、到位，对主宾之间的沟通气氛和效果都会产生极大的影响，以至于影响到企业形象和企业发展。

　　宴请之礼包括中式宴请礼仪和西式宴请礼仪。刘洋和他的团队伙伴，将按照中西餐宴请的礼仪规范安排好此次的晚宴。

　　本任务旨在培养学生在社交场合中，掌握专业的中式和西式宴请技巧，帮助学生提高宴请水平，提升宴请服务质量，在不同的宴请场合合理地协调主宾的关系，建立融洽的宾客关系，给他人留下一个良好印象。

训练内容

步骤1：邀请

　　每4~6人为一组，想一想，议一议，如何邀请宾客？每两人一组，表演电话邀请。

步骤2：中式宴会菜单拟定

　　每4~6人为一组，讨论一下，如何拟定菜单，有哪些要求和禁忌？

步骤3：中式宴会桌次和座次的排列

　　每4~6人为一组，讨论一下，如何安排桌次和座次？宴请程序包括哪些？以两桌为例，尝试画一下宴会桌次平面布局图。

步骤4：西式宴会入座、座次和菜序

　　每两人一组，表演男士为女士入座挪动椅子。每4~6人为一组，讨论一下，怎样安排西式宴会的座次及菜序？

步骤 5：西式宴会的摆台、餐具使用和用餐礼仪

每两人一组，尝试演示布置摆台及使用餐具。每 4~6 人为一组，讨论一下，西餐的用餐礼仪有哪些？

 知识链接

一、中式宴请的礼仪

1. 邀请

一般性邀请，通常是以口头形式来表现的，如电话邀请、当面邀请等。而宴会邀请一般均发请柬，分为正文与封套两部分。正文应包括：活动的主题、形式、时间、地点、主人姓名等。请柬应书写清晰、设计精美。通常提前一周左右将请柬发出，太晚则不够礼貌，也不便被宴请者提早安排。

而接到请柬的宾客，应尽快答复，可采用电话答复，简单快捷，也可用书信的形式，比较正式。如不能出席，要及早通知主办方，并委婉地说明理由。

2. 拟定菜单

（1）合理搭配。根据宾客的饮食习惯，需要事先对菜单进行再三斟酌。一般情况下，优先考虑的菜肴有"特色"和"拿手"，懂得荤素搭配、色彩相宜、营养丰富之道，适度而不过量。另外，点菜时要考虑季节，冬季宜选红烧、红焖和沙锅等，夏季则以清蒸、清炒和凉拌为上。

（2）上菜顺序。中餐一般讲究先凉后热，先炒后烧，咸鲜、清淡的先上；甜的、味浓、味厚的后上。点菜时要考虑中餐的菜序，一般是冷菜、热炒、大菜、汤菜、点心、汤、水果。

小提示

中餐点菜的禁忌

1. 禁忌根据自己的喜好去点菜。
2. 注意一些宗教的饮食禁忌。例如，穆斯林通常不吃猪肉。
3. 有些职业或特殊情况不能喝酒。
4. 出于健康原因，有些生病的人对某些食物也是有所禁忌的。

---

3. 桌次和座次排列

（1）桌次安排。在中式宴请活动中，多是采取圆桌布置菜肴、酒水。圆桌的排列次序，有以下几种情况：当两桌横排时，其桌次以右为尊，以左为卑。这里所讲的右与左，是由圆桌面对正门的位置来确定的。这种做法叫"面门定位"，如图 4-18 所示；当两桌

竖排时，其桌次以远为上，以近为下。这里的远近，是以圆桌距正门的远近而言的，如图4-19所示；三桌或三桌以上所组成的宴会，叫多桌宴会。在桌次的安排时除了要遵循"面门定位"、"以右为尊""以远为上"等原则，还要兼顾其他各桌离主桌的距离，通常距离主桌越近，桌次越高。四桌布局，如图4-20所示；五桌布局，如图4-21所示。

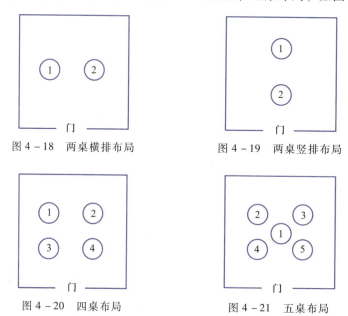

图4-18　两桌横排布局　　　　　　　图4-19　两桌竖排布局

图4-20　四桌布局　　　　　　　　　图4-21　五桌布局

（2）位次安排。

原则一：主人应在主桌面对正门而坐，如图4-22所示。

原则二：举行多桌宴请时，每桌都要有一位主桌主人的代表座，位置一般和主桌主人同向，有时也可以面向主桌主人。

原则三：各桌位次的尊卑，应根据距离该桌主人的远近而定，以近为上。

原则四：各桌距离该桌主人相同的位次，讲究以右为尊，即以该桌主人面向为准，右为主要客人。

原则五：如遇每张桌上有两个主位的排列，则以男主人为第一主人，女主人为第二主人，主宾和主宾夫人分别就座在男女主人的右侧，桌上形成了两个谈话中心，如图4-23所示。

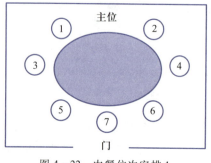

图4-22　中餐位次安排1

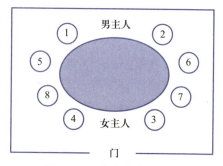

图4-23　中餐位次安排2

4. 宴请的程序

（1）迎客。主人一般在门口迎接客人。握手后，由工作人员引进休息厅。如无休息厅则直接进入宴会厅，但不入座。主宾到达后，由主人陪同进入休息厅与其他客人见面。

（2）入席。主人陪同主宾进入宴会厅，全体客人就座，宴会即开始。如休息厅较小，或宴会规模大，也可请主桌以外的客人先入座，贵宾席最后入座。

（3）致辞。我国习惯一入席先讲话、后用餐。在他人敬酒或致辞时，其他在场者应一律停止用餐或饮酒，应坐在自己的座位上，面向对方认真地洗耳恭听。

（4）敬酒。敬酒时，通常要讲一些祝愿、祝福之言，应依座序逐一敬遍全席。来宾应端起酒杯致谢，必要时，还需起身站立，或欠身点头为礼。

（5）散席。吃完水果后，主人与主宾起立，宴会即可结束。主宾告辞时，主人送主宾至门口，主宾离去后，原迎接人员顺序排列与其他客人握别。

> **小提示**
>
> 用餐前筷子一定要整齐摆放在饭碗的右侧，用餐后则一定要整齐地竖向摆放在饭碗的正中，用餐时忌敲筷、忌掷筷、忌叉筷、忌插筷、忌挥筷、忌舞筷、忌连筷、忌分筷。

5. 酒水礼仪

中餐宴会通常要使用白酒和葡萄酒。在搭配菜肴方面，中餐所选的酒水讲究不多，可根据用餐者的喜好任意选择。白酒饮用时，使用专用的瓷杯或玻璃杯盛酒，喝酒时讲究"酒满敬人"。

二、西式宴请的礼仪

1. 讲究仪表

被邀者赴宴前，应根据请柬要求着便装或礼服。

2. 入席落座

一般由男主人带领女主宾首先入席，女主人最后进入餐厅。入座时男士应帮助其右边的女士挪动一下椅子，待女士入席坐下时，再帮助她将椅子往前稍推，使其身体离桌边半尺左右为宜，男士待女士坐下后再就座。男士可将外衣脱下搭在椅背上，不要将外衣或随身携带的物品放在餐台上。用餐过程中，不可解开纽扣或当众脱衣。

3. 西餐的摆台

西餐摆台时，将用餐时所用的刀、叉、杯、勺、盘、全部放在餐桌上，如图 4-24 所示的一般餐具摆设（午宴、晚宴均适用）。

4. 西餐的菜序

（1）开胃菜。开胃菜也称头盘，常见的有鱼子酱、鹅肝酱、熏鲑鱼、鸡尾杯、奶油鸡

图 4 - 24　西餐摆台

酥盒，味道以咸和酸为主。

（2）面包。西餐中所吃的面包，主要有鲜面包、烤面包等两种。通常切成片，根据个人嗜好，可涂上各种果酱、黄油或奶酪享用。

（3）汤。西餐的汤大致可分为清汤、奶油汤、蔬菜汤和冷汤等 4 种。

（4）主菜。主菜主要包括鱼类、肉类两个热菜，肉类菜肴的原料取自牛、羊、猪等各个部位的肉，其中最有代表性的是牛肉和牛排。禽类菜肴的原料取自鸡、鸭、鹅，通常将兔肉和鹿肉等野味也归入禽类菜肴。

（5）甜品及饮品。饮品多是咖啡或茶。

5. 座次排序

西餐桌多为长桌，多桌宴请时桌次的排列与中餐大体相同，但座次排列与中餐区别较大，如图 4 - 25 所示。

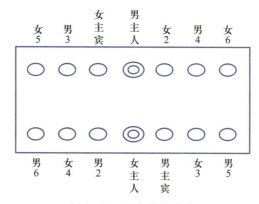

图 4 - 25　西餐位次安排

（1）在西式宴会中，女主人是宴会中真正的主人，排定座次时，主位为女主人就座。按右为尊的原则，其右手为男主宾。

（2）西餐座次排列时，男女交叉排位，用餐者的两边多为异性。

6. 餐具的使用

（1）餐巾的使用。当女主人拿起餐巾时，表明用餐开始。用餐者可以拿起餐巾，铺在双腿上，餐巾很大时，可以折叠起来使用。可以用餐巾的一角擦去嘴上或手上的油渍或污物，但不能用它来擦刀叉或碗碟。如果席间起身，餐巾应放在座椅上或搭在椅背上，表示暂时离开，回来继续用餐。如果放在桌上，则表示用餐完毕。

（2）餐具的使用。吃西餐时，一道菜用一副刀叉，人们按刀叉摆放的顺序从外往里依次取用。使用时，一般右手用刀，左手持叉。如只用叉子，也可用右手拿。切肉应避免刀切在瓷盘上发出响声。吃面时，可以用叉卷起来吃，不要挑。中途放下刀叉，应将刀叉呈八字形分放在盘子上。一道菜享用完毕时，则将刀叉并拢一起放在盘子里。

7. 用餐礼仪

（1）开始用餐。当全体客人面前都上了菜，女主人示意后才开始用餐。每一道菜上来时，也要经女主人让菜，才开始进餐。

（2）姿势端正。用餐时，身体要坐正，不要把两臂横放在桌上，以免妨碍两边的客人。进餐时，应用叉子、勺子取用食物，细嚼慢咽，不要把碗碟端起来吃。吃饭、喝汤不要发出响声，咀嚼应当闭嘴。咀嚼食物时不要说话，即使有人同你讲话，也要等咽下食物后再回答。

（3）食物享用。享用面包应用手去拿，取黄油应用奶油刀，不要整片涂抹，每次掰一小块面包，吃一块涂一块。西餐吃鱼，如遇到有带刺，可用刀将刺轻轻拔出。如鱼刺和骨头已经入口，要用叉接住后轻轻放在盘沿上，或以餐巾掩口用手取出，或轻轻地吐在叉上放在盘内。吃剩的菜，用过的刀叉、牙签都应放在盘内，勿放在桌上。在饭桌上不要剔牙，如果有东西塞了牙非取出不可，应用餐巾将嘴遮住，最好等别人不注意时再取出。

（4）离席告退。客人等女主人从座位上站起后，一起随着离席。离席时，男士应帮助女士把椅子放归原处。宴会结束后，可视情况与主人和其他来宾再聚谈一会，然后相继告辞。一般客人则不要先于主宾告辞，否则对主人和主宾均不礼貌。如有事情，则应向他们说清楚，求得谅解。

（5）表示感谢。在出席私人宴请活动后，可以致函或送名片表示感谢，也可打电话感谢。

8. 酒水礼仪

在正式的西餐宴会里，酒水是重要角色，如图4-26所示。

（1）酒水类型。吃西餐时，每道不同的菜肴要配不同的酒水，西餐宴会中所用的酒水，可以分为餐前酒、佐餐酒、餐后酒三种。

图4-26 西餐酒水

餐前酒，又称开胃酒，是在正式用餐前饮用，或在吃开胃菜时相搭配的酒水，人们喜欢在餐前饮用的酒水有：鸡尾酒、味美思和香槟酒。

佐餐酒，又称餐酒。西餐里的佐餐酒均为葡萄酒，且大多数是干葡萄酒或半干葡萄酒，并且佐餐酒讲究"白酒配白肉，红酒配红肉"。

餐后酒，指的是在用餐后，用来助消化的酒水，最常见的餐后酒是利口酒、白兰地。

（2）酒量适度。首先，要求装杯定量。西餐宴会则忌满杯，以"七分满"为限。其次，切记饮用适当。宴请时，注意适当控制，切莫贪杯，甚至饮酒误事。对他人应"祝酒而不劝酒"，更不要强灌他人喝酒。

> **小提示**
>
> 　赴宴者礼仪：接受邀请，准时赴宴，仪表整洁，抵达致意，按位落座，席间交谈，用餐文明，祝酒碰杯，礼貌告别，宴会后致谢。

 **拓展训练**

训练1：

宴会座次排序

（1）根据班级学生人数，将全体学生分为若干组，每组8～10人，每组抽签决定组员身份为"主人"或"宾客"。

（2）再由小组内部讨论，确定各自扮演角色，其中包括董事长、总裁、总监、高级经理、部门经理、主管、助理等身份。

（3）主客两组合作表演，现场模拟西餐宴会的主客双方的座次、排列，并注意相关商务礼仪等问题，其他同学认真观看，相互建议，适当评价。

训练2：

情境模拟

某公司组织召开三十周年公司庆典，活动地点选在希尔顿酒店3层多功能宴会厅，有电梯直达，要求嘉宾下午6点到场。

请饰演"公司组织方"的同学表演出邀请客户、会面接待、电梯礼仪、宴会着装、送客礼仪及安排中餐宴会等细节，而"嘉宾方"要求表演出答复邀请、着装出席、就餐告别等细节。

实训要求：

（1）本实训可在教室或模拟场所进行。

（2）将学生分成若干学习小组，当一组进行情境表演时，其他组可作评估。

任务评价

任务 11 评价表

被评价人_____

考核项目	评价标准	分值	自评	互评	得分
中式宴请	礼貌热情，真心实意	20			
	菜单拟定合理，考虑周全	10			
	桌次、位次安排合理、有序、规范	10			
	宴请程序规范，做到热情有礼	10			
西式宴请	摆台方便使用、井然有序	10			
	菜序得当，易于品尝	10			
	座次安排便于沟通，礼貌规范	10			
	正确使用餐具，准确表达	10			
	用餐礼仪规范，有修养	10			
总　　分		100			
综合评价					

任务 12　馈　赠　之　礼

任务目标

1. 能够挑选合适的礼物；
2. 掌握馈赠礼物的具体步骤；
3. 掌握接受及拒绝礼物时的规范礼仪。

任务情境

刘洋在易信物业管理公司的工作开展得很顺利，逐渐得心应手，领导对他也十分器重。最近，刘洋接到公司领导的通知，吩咐他为合作多年的重要客户李总选择一份生日礼物，对其多年来的鼎力支持和紧密合作表示感谢。刘洋心想，选择什么礼物合适呢？他没有想法，便向公司领导、身边同事以及李总秘书多方征求意见。经多方调查咨询，大家给刘洋提出的建议有四个选项：商务手机、鲜花蛋糕、当季服饰、网球拍。

想一想：如果你是刘洋，你会选择哪个礼物呢？请你说明观点和理由。

 **任务解析**

馈赠，是指在社交过程中，人们以礼品为媒介，对交往对象表达尊重、敬意、友谊、纪念、祝贺、感谢、慰问、哀悼等情感与意愿的一种交际行为。是人们联络和沟通感情的最主要方式之一。特别是在外事和商务活动中，馈赠可以增进彼此感情、保持长久业务联系。但是，送礼不当却会招来不必要的麻烦。

馈赠礼仪包括礼品的选择、礼品的包装、礼品的馈赠。刘洋现在就面临着如何挑选合适的礼物以及如何礼貌地赠送礼物的困惑。

本任务旨在使学生掌握礼品挑选的方法、礼品包装的方法、礼品的馈赠及禁忌等礼仪常识，做到送好礼，送对礼，送出自己的特色，从而收到良好的效果。

 **训练内容**

步骤1：挑选礼物

每4~6人为一组，想一想，议一议，在职场中，有哪些适合的礼物？刘洋如何挑选礼物？

步骤2：包装礼物

每4~6人为一组，想一想，议一议，包装礼物有哪几种方式？刘洋选择哪种方式来包装礼物？

步骤3：赠送礼物

每4~6人为一组，想一想，议一议，送礼的技巧和注意事项有哪些？刘洋该怎样去做？

步骤4：接受及拒收礼物

每4~6人为一组，想一想，议一议，接受礼物时应注意哪些？哪些礼物会被拒绝？模拟演示刘洋与李总赠送、接受礼物时的情境。

 **知识链接**

一、礼品的选择

1. 针对性

所谓"宝剑赠侠士，红粉赠佳人"，送礼一定要看对象。根据不同的对象，选择不同的礼品，满足不同的需要。

在选择礼品时，要尽可能了解受礼人的性格、爱好、修养、品位以及物质生活水平，有针对性地选择礼品，尽量投其所好，避其禁忌。另外要因事而异，即在不同情况下，向受礼人赠送不同的礼品，比如探视病人，向对方赠送鲜花、水果、书刊为好，如图 4 - 27所示。

图 4 - 27　鲜花礼物

图 4 - 28　护肤品礼物

2. 时效性

中国人讲究"雨中送伞""雪中送炭"，因此，要注意把握好馈赠的时机。超前或滞后都达不到馈赠的目的，而机会贵在需要的程度，如图 4 - 28 所示。

3. 纪念性

送礼是表示尊敬、友好的一种方式，礼品重纪念、重情谊、不重价值。纪念性是指礼品要与一定的人、事、环境有关系，让受礼人见物思人忆事。所以选择礼品应和送礼时的事件、人物有关，要有一定的寓意和创新，如图 4 - 29 所示。

4. 文化差异性

不同民族国家有不同的文化传统，也就有不同的文化禁忌。中国人在送礼时习惯说

图 4 - 29　纪念性礼物

"礼不好，请笑纳"，外国人在送礼及收礼时都少有谦卑之词。而且，外国人送礼花费不大，但讲究外包装精美，公开大方，把礼品不声不响地丢在某个角落然后离开是不适当的。

二、赠送礼品礼仪

1. 礼物包装

精心包装礼品，一方面是表示送礼人把送礼作为很隆重的事，以此表达对受礼人的尊敬；另一方面，受礼人不能直接看到礼品，会使他产生一个悬念。不论礼品本身有没有盒

子都要用彩色花纹纸包装，用彩色缎带捆扎好，并系成好看的结，如蝴蝶结、梅花结等，或者搭配简单饰物，如图4-30所示。

图4-30   红酒礼物搭配红酒架

> **小提示**
>
> 　　赠送礼品给国外友人时，注意两点：一是包装所用的材料，要尽量精美、有质感；二是在礼品包装纸的颜色、图案、包装后的形状、缎带的颜色、结法等方面，要注意尊重受礼人的文化背景、风俗习惯和禁忌。

2. 赠送步骤

首先，仪态大方。在面交礼品时，送礼者应着装规范，起身站立，面带微笑，目视对方，双手递交。将礼品交与对方后，与对方热情握手。

其次，说明意图。送礼前应先向对方致意问候，简要委婉说明送礼的意图，如："祝你工作顺利""真是感谢你上次的帮助"等。

最后，介绍礼品。赠送礼品时，送礼者应对礼品寓意、礼品使用方法、礼品特色等适当明确解释。邮寄赠送或托人赠送时，应附上一份礼笺，用规范、礼貌的语句解释送礼缘由。在当面赠送礼品时，则应亲自道明礼品寓意，并附带说一些尊重、礼貌的吉言敬语。

三、受赠及拒收礼品礼仪

1. 受赠礼品礼仪

（1）心态开放。接受礼品时，受赠者应保持积极、开放的心态，要充分认识到对方赠礼行为的郑重和友善，不能比较礼品的价值高低或轻易作出对方有求于己的判断。

（2）仪态大方。受礼时，受赠者应落落大方，起身相迎，面带微笑，目视对方，耐心倾听，双手接受。受礼后可与对方热情握手，不可故作推辞或表情冷漠。

（3）受礼有方。按照国际惯例，受礼后一定要当面拆启包装，仔细欣赏，面带微笑，适当赞赏，一般应赞美礼品的精致、优雅或实用，夸奖赠礼者的周到和细致，以示对礼品的喜爱，切不可丢置一旁，不理不睬。中国人比较含蓄，不习惯当面打开，所以与国人交往时也可遵守这一传统习惯。另外，不是有礼必受，对于有违规越矩送礼之嫌的，应果断或委婉拒绝。

（4）表示谢意。接受礼品时，应充分表达谢意，让对方觉得真诚、友好，若是贵重礼品，往往还需要用打电话、电子邮件等方式再次表达谢意，必要时还应选择适当的时机加以还礼。

2. 拒收礼品礼仪

由于某种原因，无法接受礼品，只得拒收时，应保持从容自然、友好礼貌，先对对方表达感激之情，再向对方详细说明拒收的原因，切不可生硬地阻挡，以免对方难堪。

小提示

拒绝接受的礼品

并不熟悉的人，送给你极其昂贵的礼品；隐含着需要你发生违法乱纪行为的礼品；接受后会受到对方控制的礼品；涉及国家机密与安全的礼品；药品等。

 拓展训练

训练1：

根据不同时机和场合，连线恰当的礼物。

公司开张	生日蛋糕
慰问病人	信件贺卡
旅游归来	当地特产
节日问候	庆典花篮
朋友生日	水果营养品

训练2：

情境模拟

我国举办世界级学科学术研讨会，召集了众多国家的著名学术科研人士，研讨会进展十分顺利，在活动尾声，主办方倡议各国代表队之间相互赠送临别礼物，我国准备了书画作品、茶叶礼盒、贵州茅台等礼物。

请同学们2～4人一组，根据礼物的不同形状、质地等进行包装，并分别扮演不同角色，将馈赠过程连贯地演示出来，表现出应有的馈赠礼仪和受赠礼仪。

实训要求：

（1）本实训可在教室或模拟场所进行。

（2）将学生分成若干学习小组，当一组进行情境表演时，其他组可作评估。

任务评价

任务 12 评 价 表

被评价人_____

考核项目	评价标准	分值	自评	互评	得分
礼物选择	选择得当，符合规范	20			
礼物包装	精致美观	10			
礼物馈赠	起身微笑，对视递交	10			
	问候，简要说明意图	10			
	礼物介绍到位	10			
接受或拒绝	受礼有方，表达谢意	20			
	礼貌拒绝，说明原因	20			
总　分		100			
综合评价					

任务 13 涉 外 礼 仪

任务目标

1. 了解涉外礼仪的基本要求；
2. 掌握涉外礼仪中不同国家地区的风俗禁忌。

任务情境

　　由于工作努力，刘洋得到了易信公司领导的认可和表扬，同时还获得了一次和领导代表江城去北京参加世界级行业峰会的机会。来自 9 个国家的 30 余个公司参加了本次会议，其中包括俄罗斯、法国、英国、德国、美国、芬兰、新加坡等国。工作经验尚浅的他，开心之余，还有一丝顾虑，能够去北京参加峰会，可以学习和观摩世界顶尖物业公司固然很好，但与其他来自世界各国的代表交流工作，他不仅代表着易信、江城，更代表着中国，此时的他压力很大。

　　想一想：刘洋该学习哪些涉外礼仪？请你帮他补上这一课。

任务解析

涉外礼仪，是涉外交际礼仪的简称。它是国家在长期的国际交往中，逐步形成的外事礼仪规范。随着国家对外开放程度的加深，我们与不同国度和不同文化的人的交往越来越频繁，涉外礼仪在交往中的作用也越来越重要。

涉外礼仪包括参加涉外活动要遵循的基本礼仪要求，不同国家的礼仪风俗禁忌等。刘洋要参加世界级的行业峰会，必须要掌握这些涉外礼仪礼俗。

本任务旨在培养学生在社交场合中，了解涉外礼仪的基本要求，掌握涉外礼仪的禁忌。

训练内容

步骤1：涉外礼仪基本要求

每4~6人为一组，想一想，议一议，刘洋要掌握的涉外礼仪有哪些基本要求？

步骤2：涉外礼仪中不同国家地区的风俗禁忌

每4~6人为一组，讨论一下，刘洋此次去北京参加会议，要注意哪些国家地区的风俗禁忌？举例你所知道的一些国家的风俗禁忌。

知识链接

一、涉外礼仪的基本要求

1. 相互尊重，不卑不亢

在国际交往中，一个人代表着自己的国家、民族、所在单位，言行应从容得体，堂堂正正。不应表现得畏惧自卑，低三下四，也不应表现得狂傲自大，目中无人。"尊重"应体现在以下两方面：

（1）自尊为本。首先要尊重自己，注重形象，强调自尊自爱。其次要尊重自己的职业。要爱岗敬业，才会赢得尊重，各国皆然。最后，要尊重自己的公司或单位。在国际交往中，我们有责任有义务维护它的尊严和形象。

（2）尊重交往对象。有人说，"尊重上级是一种天职，尊重同事是一种本分，尊重下级是一种美德，尊重客户是一种常识，尊重所有的人是一种教养"。在人际交往中，要全方位的尊重，不能失敬于人。

2. 恰当表达，信守约定

在国际交往中，光讲尊重为本是远远不够的，还要善于表达，你要把你对对方的尊重恰到好处地表现出来。严守自己的所有承诺，说话务必算数，许诺一定兑现，约会必须要如约而至。

3. 求同存异，入乡随俗

各国礼仪习俗存在着差异，重要的是了解，而不是评判是非，鉴定优劣。当自己身为东道主时，通常讲究"主随客便"；而当自己充当客人时，则又讲究"客随主便"。

4. 热情适度，谦虚适当

在国际交往中，不仅待人要热情友好，更为重要的是要把握好待人热情友好的具体分寸。涉及自我评价时，一方面反对一味地抬高自己，但也绝对没有必要妄自菲薄，自我贬低，自轻自贱，过度对人谦虚客套。如果确有必要，在实事求是的前提下，要敢于并且善于对自己进行正面的评价或肯定。

5. 女士优先，尊重隐私

在一切社交场合，每一名成年男子，都有义务主动自觉地以自己的实际行动，去尊重、照顾、体谅、关心、保护妇女。

小提示

国际交往"六不谈"：1. 对方所在国家内部事务的内容；2. 对方自身弱点和短处的内容；3. 对方个人隐私的内容；4. 他人短长的内容；5. 凶杀、惨案、色情等内容；6. 国家机密和行业机密的内容。

二、外国的风俗习惯

作为一名优秀的办公室文员，不仅要掌握一般的职场礼仪，还要掌握涉外礼仪的基本要求，特别要注意世界不同国家的风俗习惯。

（一）受文化传统影响的风俗禁忌

1. 日常生活的禁忌

泰国人习惯合掌行见面礼，泰国人绝对不用红笔签名，因为在泰国，人们用红笔把死者姓名写在棺材上。

日本人不喜欢别人敬烟，他们习惯自己牌号的烟。日本人忌讳"四"和"九"字，"四"在日语中发音与"死"和"苦"相似。

中国人的习惯是"摇头不算点头算"，但在阿尔巴尼亚、保加利亚、斯里兰卡、印度、尼泊尔等很多地方，人们却以摇头表示同意，点头表示不同意。

对戴帽子的男人，在美国和英国，遇到朋友，需微微把帽子揭起点头致意。但在意大利需把帽子拉低，以表示尊敬。

2. 重视职衔称呼

德国人、奥地利人很重视职衔的称呼，如果他们是博士、教授，应不厌其烦地使用这个称号，他会很高兴。

3. 各国对颜色的忌讳

一般认为白色是纯洁的象征，黑色是肃穆的象征，黄色是和谐的象征，而红色和蓝色是吉祥如意的象征。

很多国家以黑色为葬礼的颜色，灵车用黑色；比利时人忌蓝色；巴西人以棕黄色为凶丧之色，认为人死好比黄叶从树上落下来。

4. 各国对用花的忌讳

许多国家，喜欢赠送亲戚朋友玫瑰花和白色百合花，以表示祝贺。但在印度和欧洲一些国家，用这种花表示对死者的悼念。

法国和意大利，人们忌讳菊花；日本人忌讳荷花、梅花；巴西，紫色的花主要用于葬礼；法国，黄色的花是不忠诚的；罗马尼亚人送花束时，棵数应是单数；中国人喜欢菊花，但向外宾献花时忌用菊花，也不用杜鹃花、石竹花。

（二）主要国家的礼仪禁忌

主要国家的礼仪禁忌，如表4-1所示。

表4-1　主要国家的礼仪禁忌

序号	地区（国家）	礼仪禁忌
1	东南亚	严忌跷起二郎腿，乃至鞋底悬着颠来颠去
2	中东阿拉伯国家	会面时，宜喝咖啡、茶或清凉饮料，严忌饮酒、吸烟、谈女人、拍照，也不要谈论中东政局和国际石油政策
3	俄罗斯	在同俄罗斯人洽谈贸易时，切忌称呼"俄国人"
4	南美洲	忌穿浅色服装，忌谈当地政治问题
5	法　国	忌过多地谈论个人私事
6	英　国	忌系有纹的领带；忌以皇室的家事为谈话的笑料
7	德　国	洽谈贸易严忌神聊或节外生枝地闲谈，注重工作效率
8	美　国	不必过多地握手与客套，贸易谈判可直截了当地进入正题
9	芬　兰	谈判地点多在办事处，一般不在宴会上，重视行握手礼
10	日　本	馈赠礼品要包装，要色彩艳丽，不能用白色，不扎蝴蝶结
11	韩　国	与长者谈话要摘墨镜，女人一般不与人握手

 **拓展训练**

训练1：

案例分析

刘洋所在公司接待了一批意大利客户，在他们即将回国时，公司决定赠送每人一件礼物。送什么呢？中国丝绸织品闻名于世，客人一定会喜欢。于是，该公司订购了一批真丝手帕，上面绣着菊花图案，十分精美。手帕装在特制的纸盒内，盒上印有公司的logo，显得高贵而有档次。在客人离别之际，接待人员代表公司赠送每位客人两个手帕。没想到，客人收到礼物后一片哗然，议论纷纷，多数客人显出不高兴的样子，其中一位女士还很伤感。

分组讨论：为什么好心送的礼物，不但没有得到感谢，反而让客户很不高兴？

训练2：

情境模拟

刘洋和领导通过参加北京举办的世界级行业峰会受益良多，结交了很多国际知名企业的商务伙伴，学习到很多先进的技术和理念。于是，在峰会的尾声，易信物业管理公司向来自日本和德国的两所企业发出邀请，欢迎他们来到江城易信公司参观指导，立即就收到了两所企业的肯定答复。

请现场模拟邀请、接待、赠送礼品等场景，注意涉外礼仪与禁忌。

实训要求：

（1）本实训可在教室或模拟场所进行。

（2）将学生分成若干学习小组，当一组进行情境表演时，其他组可作评估。

任务评价

任务 13 评 价 表

被评价人_____

考核项目	评价标准	分值	自评	互评	得分
基本要求	尊重守信，女士优先，适当得体	20			
礼仪禁忌	举止得体，着装用心	20			
	用词准确，注重时效	20			
	商洽地点适宜，餐饮注意	20			
风俗禁忌	风俗禁忌掌握到位	20			
总　分		100			
综合评价					

模块二　职场沟通

　　俗话说"美言一句三冬暖，恶语伤人六月寒"。人际沟通是我们生活工作中不可或缺的活动，特别是在职场中，一个人的沟通能力显得尤为重要。会沟通、善于沟通，往往能让人在工作中游刃有余，很快打开局面，赢得宽松的发展空间，取得事半功倍的效果，而不会沟通、不善于沟通，往往会让人事与愿违，感到举步维艰，有较强的挫折感。因此，学会沟通，掌握沟通的技巧，会使你在职场中得心应手，游刃有余，提高工作效率。本模块主要从沟通心理素质训练、沟通中"听"的技巧、沟通中"说"的技巧、人际沟通技巧四个方面介绍职场沟通的技巧。

项目五　沟通心理素质训练

> 与人相处的学问在人所有的学问中应该是排在前面的，沟通能够带来其他所有知识所不能带来的力量，它是成就一个人的顺风船。
>
> ——卡耐基（美国著名人际关系学家）

项目概述

在生活、学习、工作中，沟通无处不在，可以说，沟通力决定着生命的品质。尤其是初涉职场，要想在职场上脱颖而出，有所成就，首先需要拥有出众的沟通心理素质。

本项目主要介绍沟通心理素质中要认知自我，树立信心；明确目的，认知沟通对象。通过本项目的学习，能够加深学生对沟通必备心理素质的认知，掌握提升沟通心理素质的方法，为成功的职场沟通奠定基石。

项目分解

任务 14　认知自我　树立信心

任务 15　明确目的　认知沟通对象

任务 14　认知自我　树立信心

任务目标

1. 能够准确地认知自己，悦纳自己；
2. 能够有效地树立信心，超越自己。

任务情境

红艳应聘到一家广告公司工作。一天，经理风风火火地递给她一份资料，让她下班前做成 PowerPoint，明天要给客户演示。

"对不起，我只在学校里学过 PowerPoint 的基本操作，从来没做过给客户演示的 PowerPoint，我怕我做不好……"红艳推辞道。

"这本该是小刘来做的，他今天刚好请假了，你就试试吧。"

"不，不，我还是先跟前辈们学一学，下次吧！"

经理无奈，只好将工作交代给另一个同事。

红艳松了一口气，闲下来的时候，特意看了看同事做的 PowerPoint，没想到跟学校里学到的没什么区别。

红艳心想，"原来这么简单呀，要是下次再有这样的机会……"

然而，从那以后，红艳再也没有遇到这样的机会。

想一想：红艳为什么没有接受这项任务？你如果遇到同样的事情会怎样处理？

 **任务解析**

许多初涉职场的人都会被一种害怕失败的自我意识蒙蔽着，因此，在工作中充分认知自己，保持自信的良好状态，才能打破以前的思维惯性，走向成功。

认知自我包括自我认知和自我评价两方面。只有对自己有了一个准确的评价，才能够树立信心。红艳之所以没有接受这项任务，就在于她没有正确评估自己的能力，在挑战面前缺少自信，以至于给领导树立了畏缩、推脱的不良印象。

本任务旨在培养学生能全面、正确地认知自我，树立信心，克服沟通中自身的负面情绪，建立积极、自信的职场形象。

训练内容

经历了这次失败，红艳决定接受一次正规的沟通培训。培训师上的第一堂课是一场难忘的心理游戏。请同学们也一起做一做，做完后交流感受。

步骤 1：自画像——"我是谁"

写出 20 句"我是怎样的人"，然后将陈述的 20 项内容按照身体特征、心理状况和社会关系状况进行归类。

步骤 2：自我评估

在你所写出的每一句话前面加上（＋）或者（－）。加号表示对自己的满意的态度，减号表示对自己不满意。看看减号与加号的数目，如果加号多于减号，说明自我接纳的情况良好。如果正相反，你就要寻找一下问题的根源。比如你是不是过低地估计了自己，是什么原因使你成为这样？有没有改善的可能？如果有，你准备怎么做？

步骤 3：生命曲线

思考一下自己生活中的重要经历，按照发生的时间和对此事的满意度在坐标上（图

5-1所示）用一个点表示，并简要地把事件标注在旁边。将不同的点连成线，并对未来人生的趋向用虚线表示。同时想一想：你对过往的人生满意吗？你期待怎样的未来？你将怎样来提高你的生命质量？

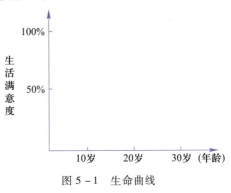

图 5-1　生命曲线

步骤 4：他人眼中的 "我"

首先写出自己的 10 个长处和 10 个短处。再邀请几位最熟悉你的同学，让他们根据对你的了解，分别写出他们认为你拥有的长处。最后，你把包括你自己在内的多种回答比较一下，看看其中有多少项是你自己没有发现的，而别人却是一致的看法。

步骤 5：树立信心

重新起步的红艳来到一家大公司准备再一次接受求职面试，这次与她竞争岗位的有很多都是本科毕业生。

每 4~6 人为一组，讨论一下，此时只有中专学历的红艳该如何调整心态？请派代表模拟红艳的身份做一次精彩的自我介绍。

 **知识链接**

一、认知自我

认知自我就是对自己的洞察和理解。恰当地认知自我，实事求是地评价自己，是职场沟通必备的心理素质。认知自我具体包括以下四方面内容：

1. 全面地认识自己

第一，自身外表和体质状况的认知。包括外貌、风度和健康状况等。

第二，自我形象的认知。主要包括自己在所生活的集体中的位置和作用、公共生活中的举止表现及社会适应能力等。

第三，自己内在素质的认知。包括自己的政治态度、道德水平、智力水平、能力、性格、兴趣、爱好、特长等方面。

2. 正确地评价自己

我们既要看到自己的优点和长处，又要看到自己的缺点和不足。我们应该多关注自己的优点和长处，要用欣赏的目光来看自己，只有先看得起自己，才能正确评价自己。

3. 用发展的眼光看待自己

我们必须要用发展的眼光看自己，及时发现自己的新的优点和新的缺点，通过努力，争取变缺点为优点，不断改正自己的缺点来完善自己。

4. 通过别人了解自己

周围的人对我们的态度和评价能帮助我们更清楚地认识自己、了解自己。我们要尊重他人的态度与评价，冷静地分析，既不盲从，也不忽视。

二、树立信心

没有主动沟通意识，在沟通过程中缺乏自信是影响沟通的主要心理障碍。自信是每一个人建立成功快乐人生的本钱。树立信心的方法：

1. 用积极的心理暗示激发 "小宇宙"

自我心理暗示是一种常用的心理调整方法，具有一定心理效应。主要暗示有：

（1）用语言表达出内心的感受。他人的安慰、鼓励和支持，有助于你改变信心不足的状态。

（2）别给自己贴上失败的"标签"。真正能够击倒你的人恰恰是你自己。

（3）用正面陈述代替负面陈述。例如："我不要紧张" → "我想放松"；恰当地使用正面的词汇，能够让我们目标明确，内心清晰，对生活更加自信。

（4）培养良好的行为习惯。比如，走路时挺胸抬头，出门的时候照照镜子整理好仪表……这些看似微不足道的地方，都会不知不觉地影响一个人的精神风貌。

2. 鼓起勇气主动与人交流

不主动与人交流就永远不能自信地沟通。不要怕别人笑话，要抓住每一次练习的机会。同时，还需要专心致志的训练、坚持不懈地努力、不达目的不罢休的韧劲以及克服困难的顽强精神。

 拓展训练

训练1：

心理测试：你认识你自己吗？

注意：每题只能选择一个答案，应为你第一印象的答案，把相应答案的分值加在一起即为你的得分。最后有一个分值分析，供你参考。

1. 你更喜欢吃哪种水果？

A. 草莓 2 分　　　　　　　B. 苹果 3 分　　　　　　　C. 西瓜 5 分

D. 菠萝 10 分　　　　　　　E. 橘子 15 分

2. 你平时休闲经常去的地方？

A. 郊外 2 分　　　　　　　B. 电影院 3 分　　　　　　C. 公园 5 分

D. 商场 10 分　　　　　　　E. 酒吧 15 分　　　　　　　F. 练歌房 20 分

3. 你认为容易吸引你的人是？

A. 有才气的人 2 分　　　　B. 依赖你的人 3 分　　　　C. 优雅的人 5 分

D. 善良的人 10 分　　　　　E. 性情豪放的人 15 分

4. 如果你可以成为一种动物，你希望自己是哪种？

A. 猫 2 分　　　　　B. 马 3 分　　　　　C. 大象 5 分

D. 猴子 10 分　　　　E. 狗 15 分　　　　　F. 狮子 20 分

5. 天气很热，你更愿意选择什么方式解暑？

A. 游泳 5 分　　　　　B. 喝冷饮 10 分　　　　　C. 开空调 15 分

6. 如果必须与一个你讨厌的动物或昆虫在一起生活，你能容忍哪一个？

A. 蛇 2 分　　　　　B. 猪 5 分　　　　　C. 老鼠 10 分

D. 苍蝇 15 分

7. 你喜欢看哪类电影、电视剧？

A. 悬疑推理类 2 分　　　B. 童话神话类 3 分　　　C. 自然科学类 5 分

D. 伦理道德类 10 分　　　E. 战争枪战类 15 分

8. 以下哪个是你身边必带的物品？

A. 打火机 2 分　　　　B. 口红 2 分　　　　C. 记事本 3 分

D. 纸巾 5 分　　　　　E. 手机 10 分

9. 你出行时喜欢用什么交通工具？

A. 火车或地铁 2 分　　　B. 自行车 3 分　　　　C. 汽车 5 分

D. 飞机 10 分　　　　　E. 步行 15 分

10. 以下颜色你更喜欢哪种？

A. 紫色 2 分　　　　　B. 黑色 3 分　　　　　C. 蓝色 5 分

D. 白色 8 分　　　　　E. 黄色 12 分　　　　　F. 红色 15 分

11. 下列运动中挑选一个你最喜欢的（不一定擅长）？

A. 瑜伽 2 分　　　　　B. 自行车 3 分　　　　C. 乒乓球 5 分

D. 拳击 8 分　　　　　E. 足球 10 分　　　　　F. 蹦极 15 分

12. 如果你拥有一座别墅，你认为它应当建在哪里？

A. 湖边 2 分　　　　　B. 草原 3 分　　　　　C. 海边 5 分

D. 森林 10 分　　　　　E. 城中区 15 分

13. 你更喜欢以下哪种天气现象？

A. 雪 2 分　　　　　B. 风 3 分　　　　　C. 雨 5 分

D. 雾 10 分　　　　　E. 雷电 15 分

14. 你希望自己的窗口在一座 30 层大楼的第几层？

A. 7 层 2 分　　　　　B. 1 层 3 分　　　　　C. 23 层 5 分

D. 18 层 10 分　　　　　E. 30 层 15 分

15. 你认为自己更喜欢在以下哪一个城市中生活？

A. 丽江 1 分　　　　　B. 拉萨 3 分　　　　　C. 昆明 5 分

D. 西安 8 分　　　　　E. 杭州 10 分　　　　　F. 北京 15 分

下面是分值分析，请对号入座。

180分以上：意志力强，头脑冷静，事业心强，不达目的不罢休。外表和善，内心自傲，对有利于自己的人际关系比较看重，有时显得性格急躁，得理不饶人，不利于自己时顽强抗争，不轻易认输。思维理性，对金钱的欲望一般。

140分至179分：聪明，性格活泼，人缘好，善于交朋友。事业心强，渴望成功。思维较理性，金钱欲望强烈。

100分至139分：爱幻想，思维较感性，以是否与自己投缘为标准来选择朋友。性格显得较孤傲，有时较急躁，有时优柔寡断。事业心较强，喜欢有创造性的工作，不喜欢按常规办事。性格倔强，言语犀利，不善于妥协。金钱欲望一般。

70分至99分：好奇心强，喜欢冒险，人缘较好。事业心一般，对待工作，随遇而安，善于妥协。善于发现有趣的事情，但耐心较差。不善理财。

40分至69分：性情温良，重友谊，性格踏实稳重，但有时也比较狡黠。事业心一般，对本职工作能认真对待，但对自己专业以外的事物没有太大兴趣，喜欢有规律的工作和生活，不喜欢冒险，家庭观念强，比较善于理财。

40分以下：散漫，爱玩，富于幻想。聪明机灵，待人热情，爱交朋友，但对朋友没有严格的选择标准。事业心较差，更善于享受生活，意志力和耐心都较差，我行我素。没有财产观念。

训练2：

王雨参加某公司面试失败，有些灰心丧气，于是在QQ签名上写了下面这样一段话：

现在我没有钱，没有工作，读书太少，时间不够，以前努力过都不成功。当幸福来敲门，我却偏偏不在家。

请用正面词汇代替其中的负面陈述，重新修改一下王雨的QQ签名，好帮助他重树信心。

任务评价

任务14　评　价　表

被评价人_____

考核项目	评价标准	分值	自评	互评	得分
认知自我	对自己生理、心理和社会关系方面的状况了解全面	20			
	对自己的优点和缺点评价客观	20			
	能用发展的眼光认知自己	20			
	尊重他人的评价，并且能冷静地分析	10			
树立信心	能给自己积极的心理暗示	20			
	能主动与人交流	10			
总　分		100			
综合评价					

任务15　明确目的　认知沟通对象

任务目标

1. 能够在沟通中明确沟通目的；
2. 能够准确判断对方的沟通风格并制定相应的沟通策略。

任务情境

某公司办公室里，两个职员正在加班。

小王问小张："现在是什么时间了？"

小张回答："很晚了，你准备走吗？"

小王有些吃惊，说："我问的是时间！"

但小张似乎还没弄明白小王的意图，仍然坚持说："到了该走的时间了。"

小王有些不耐烦了："喂，看看我的嘴，告诉我现在的时间！"

小张同样不耐烦了："五点刚过！"

小王恼羞成怒，大吼道："我问你的是具体时间，我要明确的回答！"

怎料到，小张也十分生气地回击道："你为什么总是这么霸道呢？"

想一想：小王和小张沟通失败的原因有哪些呢？

任务解析

不同沟通风格的人之间的差异是不容忽视的，往往由于一件小事，就有可能造成很大的误会和矛盾。因此，要想进行顺畅沟通，改善人际关系，必须要明确沟通的目的，同时还要考虑到他人的沟通风格。

本任务包括认知沟通的目的和认知沟通风格两方面内容。小王和小张沟通失败的原因就在于双方都没有明确沟通目的，同时二人对彼此的沟通风格缺乏辨别，沟通时没有弹性的调整策略。

本任务旨在培养学生在人际沟通中，能提前确定沟通目标，明确沟通目的；能分辨出沟通对象的风格类型并能够针对不同的风格对象使用不同的沟通技巧。

训练内容

步骤1：确定沟通目标

每4~6人为一组，想一想，议一议，在沟通中，常见的沟通目标都有哪些？小王应怎样将自己的沟通目的告知给小张？

步骤 2：坚持沟通目的

每 4～6 人为一组，讨论一下，在小张岔开话题的时候，小王应该如何与他沟通？请派代表模拟演示当时的对话情境。

步骤 3：分辨对方的沟通目的

每 4～6 人为一组，讨论一下，通过对话，你能分辨出小张的沟通目的吗？

步骤 4：判断对方的沟通风格

每 4～6 人一组，讨论一下小王应该属于哪种沟通风格？

步骤 5：调整沟通策略

如果你是小王，想知道具体的时间，你该如何跟小张顺利沟通呢？请 2 人一组，演示整个对话的情境。

 **知识链接**

一、明确沟通目的

毫无目的的交流叫做聊天，不是沟通。我们在与别人沟通之前，心里一定要有一个目标，明确自己希望通过这次沟通达到什么目的。要想明确沟通的目的，需做到以下三点：

1. 提前确定沟通目标

通常可以从以下几个方面确定沟通的目标：

（1）说明事物——陈述某些事实，引起听者的思考，影响听者的见解；

（2）表达情感——表达自己的感觉、情感，使其产生相当程度的感应；

（3）建立关系——建立友善或不友善的关系，引起强烈的共鸣；

（4）显示企图——有所为而为，透过问候，达成目标。

2. 坚持实现沟通的目的

在沟通过程中，坚持预定的沟通目的通常应注意以下几点：

（1）时刻牢记沟通的目的；

（2）一旦发现跑题应及时转回；

（3）坚持目的的同时兼顾情感的维系和关系的保持。

3. 努力分辨对方的目的

当有人与你沟通时，你需要努力分辨出对方的沟通目的。常用的方法有：

（1）从对方的言谈中去分辨；

（2）从对方的表情神态、肢体语言中分辨；

（3）从所处的不同场合去分辨。

二、认知沟通对象

1. 沟通风格的类型

沟通心理学家根据人在沟通中表现出来的理性与感性、果断与优柔方面的个性差异，将沟通风格分为完美型、力量型、和平型和活泼型四种类型，也被称作猫头鹰型、老虎型、无尾熊型和孔雀型，如图 5-2 所示。

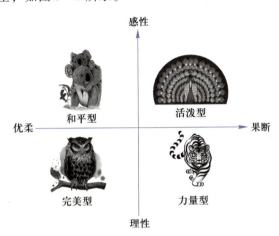

图 5-2 沟通风格类型

2. 四种类型的人的辨识特征，如表 5-1 所示

表 5-1 四种类型的人的辨识特征

完美型	力量型	和平型	活泼型
做事井井有条	经常打断并抢话	谨慎行事	坦率、友善
注意细节	经常有许多事情做	点头倾听	擅长表达
喜欢书面沟通	有时显得无礼	被询问时才回答	强调问题的积极面
关注操作细节	单向沟通为主	讲话平静有条理	不愿谈伤感问题
不轻易表达相反的观点	把自己的意见表达为毋庸置疑的事实	喜欢谈论自己熟知的事物	以推销和鼓动的方式进行沟通
抓不住关键	想说什么就说什么	良好的指导者	乐于交谈和交友
不发号施令，依规矩办事	不受约束，喜破常规	喜欢单独交谈，而不是对众人发言	很容易和他人打成一片

3. 与不同类型人的沟通技巧，如表 5-2 所示

表 5-2 不同类型人的沟通技巧

完美型	力量型	和平型	活泼型
要注重细节，遵守时间，事先想好表达顺序，尽快切入主题	一定要非常的直接，不要有太多的寒暄，直接告诉他你的目的，要节约时间	他看重的是双方良好的关系，不看重结果，因此首先要建立好关系	声音一定要洪亮，要有一些动作和手势

（二）提高倾听者的倾听技能

1. 专注

要集中注意力，排除外界的干扰。它要求用身体给对方以"我在注意倾听"的表示，放下手中的工作，在沟通时不接听手机。专注不仅是用耳，更需要用心。

2. 听清

要注意听清语音；听清语义（包括词汇和语法）；要从整体出发，抓住说话者的本意和主旨，切不可断章取义。

3. 听记

为了完整、准确地接受信息，特别是重要的会议或交谈，倾听者还应做到摘录要点，将谈话过程中涉及的一些要点一一记录下来，这样可以确认接受信息的准确性。

4. 适时适度的提问

适度的提问有利于把没有倾听到的或没有倾听清楚的事情彻底掌握，同时也利于讲话人更加有重点陈述、表达。

5. 使用开放性的动作

人的身体姿势会暗示出对谈话的态度和兴趣。自然开放性的姿态代表着接受、容纳、尊重与信任。避免使用攻击的、恳求的或不悦的声调以及弯腰驼背、手臂交叠、跷脚、眼神不定等肢体语言，因为它们代表并传递着负面的信息，并影响着沟通效果。

6. 及时用动作和表情给予呼应

用赞许性的点头、恰当的面部表情与积极的目光接触相配合，向说话人表明你在认真倾听；用皱眉、迷惑不解等表情，给讲话人提供准确的反馈信息以利于其及时调整。

7. 正确地理解信息

受思维定式的影响，一个人对问题的理解总是调动以往的经验来推测未来的发展趋势，这往往会导致误解的产生。为了防止误解的产生，倾听者应注意做到以下几点：

一是从对方的角度出发，考虑他的背景和经历，想想他为什么要这么说，他希望我听完之后有什么感受，即：要努力进入他的内心，努力掌握他的真正意图。

二是消除成见，克服思维定式的影响，客观地理解信息。

三是不要自作主张地将自己认为不重要的信息忽略，最好与对方核实一下自己对信息的理解是否存在偏差。

8. 注意面部表情

留心观察对方的面部表情，了解非语言信号的含义，以做出恰当的判断和应对。

 拓展训练

训练1：

检查你的倾听习惯。将你日常沟通中成功和失败的倾听行为分别列举出来，找出不受

续表

6	提问用来检验理解，寻求支持或更多信息	12345678910	提问用来增强语言气势，强调要点或提出异议
7	不爱发表意见	12345678910	愿意发表意见
8	耐心，愿意与人合作	12345678910	性急，喜欢竞争
9	与人交往讲究礼节，相互配合	12345678910	喜欢挑战，控制局面
10	如果没什么大不了的事意见有分歧，很可能附和他人的观点	12345678910	意见分歧时，愿意坚持自己的观点并要辩论出究竟
11	含蓄，节制	12345678910	坚定，咄咄逼人
12	与人初次见面目光间断性注视对方	12345678910	与人初次见面目光长久注视对方
13	握手时较轻	12345678910	紧紧握手
总 分			

B 套题

1	戒备	12345678910	坦率
2	感情不外露，只在需要别人知道时表露	12345678910	无拘无束地表露，分享感情
3	多数时候依据事实、证据做出决定	12345678910	多数时候根据感觉做出决定
4	就事论事，不跑题	12345678910	谈话时不爱专注于一个话题
5	讲究正规	12345678910	轻松、热情
6	喜欢干事	12345678910	喜欢交友
7	讲话或倾听时表情严肃	12345678910	讲话或倾听时表情丰富
8	表达感受时不太给非语言的反馈	12345678910	表达感受时愿意给非语言的反馈
9	喜欢听现实状况、亲身经历和事实	12345678910	喜欢听梦想、远见和概括性信息
10	对人和事应对方法较单一	12345678910	对别人占用自己的时间灵活应对
11	在工作或社交场合需要时间去适应	12345678910	在工作或社交场合中适应快
12	按计划行事	12345678910	做事随意
13	避免身体接触	12345678910	主动做出身体接触
总 分			

分别得出两套题的总分后，请在图 5 – 3 的横轴上标出与 A 套题的总分相对应的位置作为 A 点；在纵轴上标出与 B 套题的总分相对应的位置作为 B 点；经过 A 点画一条与纵轴平行的直线，经过 B 点画一条与横轴平行的直线，两条直线的交点所在位置，反映你比较自然的沟通风格倾向。注：位置越是接近原点，越说明你的沟通风格的兼容性越大，是一位人际交往与沟通的成功人士。

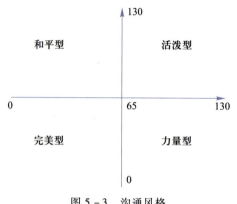

图 5 – 3 沟通风格

 任务评价

任务 15 评 价 表

被评价人_____

考核项目	评价标准	分值	自评	互评	得分
明确目的	能够在沟通中提前确定沟通目标	20			
	能够在沟通中坚持自己的沟通目的	20			
	能够在沟通中分辨对方的沟通目的	20			
认知沟通对象	能够分辨各类型人的沟通风格	20			
	掌握与不同类型人的沟通技巧	20			
总　分		100			
综合评价					

项目六 沟通中"听"的技巧

> 耳朵是通向心灵的路。
>
> ——伏尔泰（法国启蒙时代思想家、哲学家、文学家）

 项目概述

生活中，人和人的交往是双向的，不会倾听的人是不懂得说话的。学会倾听，不但能帮助我们尽快地成长，而且能帮助我们在职场中建立良好的人际关系，有利于业务和事业的成功。

本项目主要介绍有效倾听和有效反馈的相关知识。通过本项目的学习，你能了解什么是有效倾听，影响我们有效倾听的干扰因素，学会控制和避免这些因素的影响，掌握倾听的技巧，帮助我们与他人顺利交流，并能在沟通中作出及时、适当的反馈，学会换位思考，养成专注的职业态度。

 项目分解

任务 16 有效倾听

任务 17 有效反馈

任务 16 有 效 倾 听

 **任务目标**

1. 了解倾听的五个层次；
2. 学会控制影响有效倾听的干扰因素；
3. 掌握一定的倾听技巧，采用积极的倾听方式进行沟通。

任务情境

王娟是同方公司新招聘的一名办公室文员，这天经理让她送一些会议资料到第三会议室，王娟却把资料送到了第十二会议室，看见会议室没人，她把资料放在桌子上就离开了。一会儿，经理问她，资料送到了吗，开会的人等得很着急。王娟愣了一下说："已经送到第十二会议室了"，经理很不高兴，认为王娟没有认真聆听领导要求，工作不到位。

想一想：王娟的工作为什么会出现失误？在今后的工作中该如何避免再次出现这样的情况？

任务解析

在人际沟通中，"听"是一项非常重要的能力。倾听是一种需要有意识的注意和不断练习的技巧，尤其在职场中，只有通过有效倾听，我们才能收集到完成我们工作所需要的信息。特别是从事办公室文员工作的人，掌握倾听的技巧，能进行有效反馈，能帮助我们在工作中表现更出色，能建立起良好的人际关系，为工作的顺利开展打下坚实的基础。

本任务包括倾听的五个层次，影响有效倾听的因素和倾听技巧。王娟工作之所以会出现失误，就是因为她没能进行有效倾听，没有准确领会领导的要求。

本任务旨在培养学生掌握一定的倾听技巧，能采用积极的倾听方式进行沟通，能观察对方的非语言信号，了解对方的真实想法，提高沟通效率，学会换位思考，养成专注的职业态度。

训练内容

步骤 1：倾听训练

老师讲述一个故事或播放一段演说视频，请同学复述内容并概括大意。通过训练，明确倾听的几个层次。

步骤 2：主动倾听训练

每 4~6 人为一组，每个组员轮流分享一些让自己感到烦恼的事情，其他同学做到：

（1）简单复述对方的话语，确认对方烦恼的原因；

（2）采用适当的非语言形式鼓励对方更多表达。

步骤 3：情境模拟

每 2 人一组，模拟演示王娟与经理沟通的情境，说说如何做到有效倾听。

步骤 4：角色扮演，理解言外之意

背景：你的朋友小王是个很优秀的销售人员，但最近业绩不太理想。这天下班后，他来到你的办公桌旁和你聊天。小王说："最近我一直很努力，但新客户拓展仍不理想，销售额也一直没有显著提升"。

请四组同学分别表现小王抱怨、无奈、征求建议、得到指导的情绪，其他同学采用适当的倾听技巧进行有效沟通。

知识链接

一、倾听的五个层次

研究发现，平均每个人每天花费约70%的时间参加各种形式的沟通活动。进一步的具体研究表明，我们每天花费在沟通上的时间，其中45%用来倾听，30%用来说……尽管用于倾听的时间如此之多，可是我们仍然要问问自己：我会倾听吗？

"倾听"往往被人们当做"听见"，结果有可能导致我们忽略了倾听技巧的训练，成为一个不善倾听的人。倾听，应是包括了听见、接受、理解、评价以及应答的信息接收过程，是一项重要的沟通技能。简单说来，倾听一般分为五个层次，如图6-1所示。70%的人都属于底部的三个层次。

二、影响倾听的障碍

倾听的障碍有以下几点，如图6-2所示。

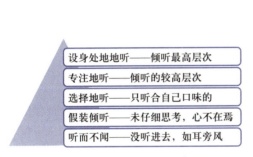

图6-1　倾听的五个层次

图6-2　倾听的障碍

（一）外部环境的干扰

外部环境的干扰包括噪声、热闹的环境、说话人的夸张的服饰、气味，还有温度等等。这些干扰会分散你的注意力，使你不能专心听取说话人传递的信息。更为严重的是对方捕捉到你走神的信号：眼神的飘忽、转移视线、坐立不安，认为你不打算继续交流，导致沟通中断。

（二）信息传递质量低下

造成信息传递质量低下的原因是：不适当的省略语；较生僻的专业术语；短时间传递太多信息；口语或方言运用不当。

（三）态度、情感因素——自我认知障碍

造成我们无法有效倾听的原因更多来自我们自己，主要表现在以下几方面：

1. 倾听者的理解能力

倾听者的知识水平、文化素质、职业特征、生活阅历往往与他们的理解能力紧密联系在一起，具有不同理解能力的倾听者必然有不同的倾听效果。

2. 倾听者的态度

（1）排斥异议。很多人在听别人讲话时，有时候会觉得自己在这方面比对方强，认为别人的话不值得听，对方的观点与自己不一致，产生抵触情绪，因而拒绝接受对方传递过来的信息。

（2）三心二意。一边听一边在想别的、与对方正在说的无关的事。无论我们正在关注什么，反正与正在进行的讨论无关。

（3）急于发言。我们往往急于表达自己的观点，而不在乎别人说了什么，在对方讲话的时候，等待自己插进去发表言论的机会，所以没有听，唯一专心关注的是一个插嘴的机会。

（4）心理定势。我们每个人都有自己的好恶，都有根深蒂固的心理定势和成见，所以与不喜欢或不信任的人交流时很难以客观、冷静的态度接受说话者的信息。

（四）激动情绪干扰

大多数人在很情绪化的时候无法做到有效倾听，这些干扰的情绪包括极度焦虑、悲痛、兴奋或听到负面的信息。

> **案例**
>
> 　　有一位父亲找到咨询专家，并向他请求帮助说："我真不理解我的孩子，他根本不愿听我的话。""让我来重复一下你刚才说的话，"专家说："你不理解你的孩子，因为他不肯听你的话。""是的。"他回答说。"让我再重复一遍"，专家说："你不理解你的孩子是因为他不肯听你的话。""没错。"他不耐烦地回答说。"我认为要理解一个人，你必须听他说。"专家说。"哦！"他说，仿佛恍然大悟似的，"是这样的。不过我了解他，我知道他正在经历的事情，我自己也经历过同样的事情。我想，我所不理解的是他为什么不愿意听我说。"

三、如何进行有效倾听

（一）创造良好的倾听环境

1. 适宜的时间

重要事项的沟通最好放在上午。

2. 合适的地点

不易受外界干扰，如较为封闭、有隔音设备的场所。

（二）提高倾听者的倾听技能

1. 专注

要集中注意力，排除外界的干扰。它要求用身体给对方以"我在注意倾听"的表示，放下手中的工作，在沟通时不接听手机。专注不仅是用耳，更需要用心。

2. 听清

要注意听清语音；听清语义（包括词汇和语法）；要从整体出发，抓住说话者的本意和主旨，切不可断章取义。

3. 听记

为了完整、准确地接受信息，特别是重要的会议或交谈，倾听者还应做到摘录要点，将谈话过程中涉及的一些要点——记录下来，这样可以确认接受信息的准确性。

4. 适时适度的提问

适度的提问有利于把没有倾听到的或没有倾听清楚的事情彻底掌握，同时也利于讲话人更加有重点陈述、表达。

5. 使用开放性的动作

人的身体姿势会暗示出对谈话的态度和兴趣。自然开放性的姿态代表着接受、容纳、尊重与信任。避免使用攻击的、恳求的或不悦的声调以及弯腰驼背、手臂交叠、跷脚、眼神不定等肢体语言，因为它们代表并传递着负面的信息，并影响着沟通效果。

6. 及时用动作和表情给予呼应

用赞许性的点头、恰当的面部表情与积极的目光接触相配合，向说话人表明你在认真倾听；用皱眉、迷惑不解等表情，给讲话人提供准确的反馈信息以利于其及时调整。

7. 正确地理解信息

受思维定势的影响，一个人对问题的理解总是调动以往的经验来推测未来的发展趋势，这往往会导致误解的产生。为了防止误解的产生，倾听者应注意做到以下几点：

一是从对方的角度出发，考虑他的背景和经历，想想他为什么要这么说，他希望我听完之后有什么感受，即：要努力进入他的内心，努力掌握他的真正意图。

二是消除成见，克服思维定式的影响，客观地理解信息。

三是不要自作主张地将自己认为不重要的信息忽略，最好与对方核实一下自己对信息的理解是否存在偏差。

8. 注意面部表情

留心观察对方的面部表情，了解非语言信号的含义，以做出恰当的判断和应对。

 拓展训练

训练1：

检查你的倾听习惯。将你日常沟通中成功和失败的倾听行为分别列举出来，找出不受欢迎的倾听习惯，对自己的倾听习惯作出评价，并采取可行的改进措施。

训练2：

找一位你不喜欢的老师或同学进行交流，话题不限。并在交流后就交流的结果做一份自我评估，其中包括：交流的内容，沟通是否成功，你对对方的看法是否改观，你认为自己在此次沟通中的表现如何等。

 任务评价

任务16 评 价 表

被评价人_____

考核项目	评价标准	分值	自评	互评	得分
复述	内容清晰	10			
概括主题	主题概括准确	10			
专注倾听	能认真倾听并准确记录上司提出的工作要求中的重点内容，提高总结概括能力	20			
	倾听中能通过询问上司要求中的不明不清之处，提高思考分析问题的能力	20			
观察对方表情	能察言观色，听出言外之意	20			
情感交流	能在倾听中感同身受，体会对方情感	20			
总 分					
综合评价					

任务 17 有 效 反 馈

 任务目标

1. 能在沟通中做出及时、建设性回应；
2. 能恰当地提问；
3. 能有效确认对方的信息，以良好心态接受反馈。

 任务情境

王娟反省了自己与经理沟通中出现的问题，她努力地调整和修正自己在沟通中的行为，最近她经常会得到经理的赞扬。经理尤其满意的是当他讲话时，王娟都会适时地用语言或体态语进行积极回应，对经理的要求了解得很清晰。

想一想：王娟为什么会得到经理的赞扬，你学到了什么？

任务解析

沟通是一个过程，对于一次完整有效的沟通来说，仅仅有表达、倾听是不够的，其中必须有反馈环节。获得反馈是信息发送者的意图和目的，如果听者不做出反馈，就无法让对方明白你是否了解了他所传递的信息，可能会产生误解，对方会认为受到了冷落，会损害沟通双方的信任。王娟所以会得到领导的赞扬，就是因为她在沟通中进行了积极的反馈。

本任务旨在培养学生能在沟通中做出及时、建设性回应：能恰当地提问，能有效确认对方的信息，掌握必要的回应技巧，能用积极、主动的心态进行有效反馈。

训练内容

步骤 1：　倾听与反馈训练

两人一组，选择一个话题：

A："本周五下午我们一起去看电影（或其他）吧。"

B："谢谢，但是……"

A 接下来继续劝说："好的，但是……"

双方交流 3 分钟。交流结束后，同学互相反馈交流结果成功与否。

步骤 2：　反馈训练

情境背景：

其中一名同学早上又迟到了，这已经是他本周第三次迟到了，影响了全班的考核成绩。

4~5 名同学分为一组，现在请给他一个反馈，表明你的态度。

步骤 3：角色扮演

两人一组，分别扮演王娟和经理，表现经理在布置工作时王娟的反馈行为。

步骤 4：　情境演练

王娟办公室的一体机出了问题，正好部门要开月度总结会，很多重要材料等着复印，王娟找到了维修部的工作人员，得到的回答是："知道了，但是我们人手不够，等着吧。"

分小组讨论，如何进行有效反馈，会有哪些困难和挑战。

知识链接

一、为什么要反馈

沟通不是一种单向行为，有效沟通必须包含反馈环节，甚至是多次的反复。没有反馈的沟通就好像是一个黑洞，所有信息都消失了：信息发送者不了解信息是否已经准确传递给了接收者，接收者也无法确定是否准确接收到信息。

沟通过程模型如图 6 - 3 所示

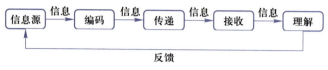

图 6 - 3　沟通过程模型

一个完整的沟通过程是这样的：首先是信息的发生者通过"表达"发出信息，其次是信息的接收者通过"倾听"接收信息。对于一个完整的、有效的沟通来说，仅仅这两个环节是不够的，还必须有反馈，即信息的接收者在接收信息的过程中或过程后，及时地回应对方，以便澄清"表达"和"倾听"过程中可能的误解和失真，它用来确定信息是否被理解。

> **案例**
>
> 　　你办公室的同事有一个重要的文件应该上周给你，但是她把这件事忘了，导致你的工作出现了问题，受到了领导的批评。对此你该做出什么样的反馈？

二、反馈的类别

反馈分为正面反馈和建设性反馈两种。

正面的反馈就是对对方做得好的事情予以表扬，希望好的行为再次出现。

建设性的反馈就是在对方做得不足的地方，给他提出改进的意见。建设性反馈是一种建议，而不是批评，这是非常重要的。

> **小提示**
>
> 下面这些行为不是反馈
>
> 　　指出对方做的正确或者错误的地方。这仅仅是一种主观认识，反馈是你的表扬或者建议，为了使他做得更好。
>
> 　　对于他的言行的解释，也不是反馈。这是对聆听内容的复述。

三、有效反馈的技巧

1. 针对对方需求做出反馈

反馈要站在对方的立场和角度上，针对对方最为需要的方面给予反馈。作为一名办公室文员，在与领导的沟通中应了解上司最希望知道的信息，收集信息并做出及时、准确的反馈。

2. 通过恰当的提问准确理解对方传递的信息，做出正确的反馈

在沟通过程中，提问是引导对方进行反馈的有效工具。恰当的提问能引导对方，帮助我们获取有价值的信息。如：您如何看待这种情况？采用提问的方法，有助于我们了解说话人的真实意图。

3. 反馈要具体、明确

反馈要具体、真实，要正面描述，避免含糊不清。像"不专业""不负责""很差劲"等词语是我们的一种主观判断，在反馈时，要具体描述行为，避免负面主观判断的词汇。

4. 反馈要积极、正面、有建设性

武断地给别人的意见或想法下结论是反馈的大忌。

5. 反馈应对事不对人

反馈应当就事论事，不要将观点与事实混淆。不能用侮辱性的语言来描述对方。带有敌意或偏见的语言只能强化双方的敌对情绪，无法达成沟通的目标。

6. 把问题集中在对方可以改进的方面

反馈必须聚焦于对方能够做出改变的方面。我们无法改变一个人的个性特点，但可以改变影响工作的行为结果。

四、接受反馈的技巧

1. 仔细倾听并询问

不要打断他人，鼓励反馈者说话，使反馈者能尽可能多的表达自己的意见，同时要善于提问，对于不清晰的反馈，要求对方给出具体的例子。

2. 不带有防御性

我们在接受反馈时，往往不愿意接受对方对自己的批评。我们往往会利用很多谈话时间来思考如何回应，而不是仔细倾听对方的内容。事实上，大多数上级给你的反馈都是经过仔细考虑了的，也是有利于你工作的改进和提高的。应该从积极的角度进行理解：这是一个改善你工作效率和获得成功的机会。

3. 试着理解对方的目的

无论你是在听同事或上司说话，你都不可能完全理解他们所说的话，除非你将你自己的目的搁置一边，试着从他们的角度看待问题，尝试理解对方说话的目的。

4. 向对方表明态度和行动

在接收到对方的反馈后，我们要有一个明确的态度，比如理解、赞同、支持、保留等。不明确表示自己对反馈的态度，会给对方造成误会，增加沟通成本，影响沟通质量。

拓展训练

训练 1：

再次完成训练中的步骤一

把"好的，但是……"替换为"好的，而且我建议……"三分钟完成交流。同学对比反馈的结果并进行交流。

训练 2：

回想日常生活中的某个人：一位教师、父母、朋友。谁为您提供过良好的反馈意见。

思考：这个人好在哪里？他们做了些什么？你的感觉如何？你的反应如何？

将上述思考结果记录下来，并写出自己改进反馈的具体办法。

 任务评价

任务 17 评 价 表

被评价人_____

考核项目	评价标准	分值	自评	互评	得分
反馈意义	认识有效反馈的重要性，了解反馈类别	10			
有效反馈	能针对对方需求做出反馈	10			
	能通过恰当提问做出正确反馈	20			
	反馈具体、明确；积极、有建设性	20			
接受反馈	能做到仔细听并询问	10			
	接受反馈不带防御性	10			
	能向对方表明态度	20			
总 分					
综合评价					

项目七 沟通中 "说" 的技巧

> 言语之力，大到可以从坟墓唤醒死人，可以把生者活埋，把侏儒变成巨无霸，把巨无霸彻底打垮。
>
> ——海涅（19世纪德国诗人）

 项目概述

职场中，语言的沟通能够解决工作中很多实际问题。想要与人和谐、良好的沟通，就必须掌握"说"的技巧。恰当得体的语言技巧会成为职场人最具含金量的一张名片。

本项目主要介绍沟通中的赞美、批评、婉拒、致歉的相关知识。通过本项目的学习，能够让学生深入了解沟通的重要性和语言的艺术性，把握语言沟通中常被忽视的细节，掌握难以把握的沟通技巧，提高学生"说"的社会交际能力。

 项目分解

任务18　赞美

任务19　批评

任务20　婉拒

任务21　致歉

任务18　赞　　美

 **任务目标**

1. 能根据不同的需求、场合和对象，恰当地赞美他人；
2. 能够做到得体地接受别人的赞美；
3. 掌握赞美的三个语言技巧；
4. 培养学生发现别人优点、赞美他人的能力，完善健康人格。

任务情境

　　杨洁从一所职业学校毕业后，从数十位竞聘者中脱颖而出，成为省会城市一家知名企业的办公室文员。今天是上班的第一天，她在电梯里遇到了面试时的考官刘莹经理。十几层楼的时间，说短不短，说长不长，在两句简单寒暄的同时，杨洁细心发现了刘经理发型的变化，于是微笑着对她说："您剪短了头发，显得更精神了，再搭配今天的套装，给人眼前一亮的感觉！"刘经理立刻感受到了杨洁对自己的关注和赞赏，觉得杨洁为人开朗阳光，也对她留下了深刻的印象。就这样，刘经理一整天都心情愉悦，而杨洁则走出了职场历程漂亮的第一步。

　　想一想：为什么杨洁能够在短时间内给人留下良好的第一印象呢？如果是你，你会在这段时间里说些什么呢？

任务解析

　　赞美是人际关系中非常重要的润滑剂，是语言沟通中最容易忽视也是比较难以拿捏的一种艺术。俗话说"良言一句三冬暖，恶语伤人六月寒"。赞美不但能够使人开心、振奋，拉近人与人之间的距离，而且还能够使人觉得被重视、肯定，为优质沟通建立基础。然而，许多人不懂得赞美的技巧，反而弄巧成拙。

　　赞美的技巧包括真诚、具体、及时。杨洁的成功之处就在于她的赞美符合被赞美者的职业心理需求，迅速搭建了一座交流沟通的桥梁。

　　本任务旨在培养学生在赞美别人时，能恰当运用三个技巧：真诚、具体、及时；在接受别人的赞美时，做到谦虚有礼、坦诚大方。

训练内容

步骤 1：赞美要真诚

　　每 4～6 人一组，讨论一下，与人初次见面时，赞美他人要注意些什么？杨洁是从哪些方面赞美刘莹经理的呢？并讨论赞美与奉承的区别。

步骤 2：赞美要具体

　　每 4～6 人为一组，模拟杨洁刚进入办公室面对大家时的情境。分别找到杨洁身上一处闪光点，加以赞美。然后试着把刚才的赞美具体化，如"你的眼睛很好看"和"你的眼睛弯弯的，笑起来特别甜"。讨论一下，哪种说法好一些？这样说有什么好处？

步骤 3：赞美要及时

　　每 4～6 人为一组，讨论：及时的赞美有哪些好处？

步骤 4：接受赞美

每 2 人一组，面对面轮流赞美对方并着重练习接受赞美时的表情。讨论一下，如何回复他人的赞美。

 知识链接

一、技巧之一——真诚是前提

赞美绝不是违心的奉承，没有真诚，就很容易弄巧成拙，让人感觉虚情假意甚至讽刺挖苦。要做到真诚，需要注意以下几点：

1. 初次见面夸"外"不夸"内"

不熟悉对方，不说性格，而多着眼于着装、外貌等优点。

2. 遇到缺点要"避"不要"盖"

要发现对方身上的闪光点，而不要对缺点"欲盖弥彰"。比如对方眼睛小，就不要非说"小而有神"。

> **小提示**
>
> 初次见面，男士忌开口便赞女士身材，有轻浮之嫌。

二、技巧之二——具体是灵魂

赞美要言之有物，细致入微的观察和具体恰当的赞美才能让对方感受到关注和肯定。具体可以从以下几点着手：

1. 不仅说"好"，更要说出"哪里好"

如"你真好看"是空洞的，而"你的眼睛水灵灵的，我总想多看几眼"就是具体的。

2. 具体要区分身份

社会角色身份多，心理需求很重要。
厨师爱听饭菜香，老人想要身体棒。
父母最想孩子好，爱好特长不可少。

> **小提示**
>
> 赞美别人身上的优点，一点正好，两点足够，多了只会适得其反。

三、技巧之三——及时是雨露

在职场中，最需要赞美的不是那些早已功成名就的人，而是那些具有自卑心理或身处逆境的人。他们几乎很难听到一声赞美，一旦被人当众真诚地赞美，便可能振作精神，大展宏图。因此，赞美不仅要锦上添花，更要雪中送炭。赞美要抓住时机，有以下两种情况：

1. 对方取得成绩之初

及时发现对方的成绩或进步，及时的赞美一定好过人云亦云。

2. 对方陷入逆境之时

困境中的赞美才更让人备受鼓励，印象深刻。

四、技巧之四——面带微笑，接受赞美

有赞美就有被赞美，接受赞美时要做到：

1. 谦虚有礼

面对别人的赞美，首先要表示感谢。

2. 坦诚大方

切忌对赞美自己的话一味否定，接受赞美也是真诚的一种表现。

小提示

　赞美他人或接受赞美时应辅以恰当的态势语，如：微笑、点头、竖起大拇指等。

 **拓展训练**

训练1：

案例分析

杨洁工作很出色，但她也有自己的顾虑和烦恼，那就是不知道如何去赞美别人。对不熟悉的朋友加以赞美，会不会被人认为自己是有所企图？对自己的家人和要好的朋友，还有赞美的必要吗？有时杨洁想赞美别人几句，可是又不知从何说起。到底怎样赞美别人才显得适时适度呢？为这些问题，杨洁伤透了脑筋。

　小组讨论：杨洁为什么会觉得赞美别人是一件很痛苦的事情？她的问题出现在哪里？试用你所学的知识，分析杨洁的困境。

训练2：

情境模拟

这一天，杨洁从与一位青年男性同事聊天时得知，他刚刚获得了所在部门唯一一个参加秘书实务培训班的机会。

请选择恰当时机，进行赞美。

实训要求：

（1）两人一组，角色互换。

（2）在场景模拟中体现出所选择的环境，并在赞美前有简单的寒暄。

 **任务评价**

任务18 评 价 表

被评价人_____

考核项目	评价标准	分值	自评	互评	得分
真诚	符合事实，做到热情真诚	25			
具体	符合身份，避免空洞	25			
及时	把握时机，做到适时赞美	25			
态势语	表情自然，仪态大方	25			
总 分		100			
综合评价					

任务 19 批 评

 **任务目标**

1. 能够运用批评的技巧，选择恰当的语言达到批评的目的；

2. 能根据具体的情境，把握批评的分寸；

3. 培养学生尊重他人、乐于助人，并坦然面对错误的良好性格习惯。

 **任务情境**

杨洁在公司工作了一段时间后，通过自己的努力，被提拔为所在秘书组的负责人。最近，她发现同事小刘经常利用工作时间上网购物，已经耽误了正常的工作，还有一次甚至漏接了一通重要的电话，造成了公司的损失。这一次，杨洁看到小刘又在网购，就很生气地当着同事的面大声对小刘说："你不知道现在是工作时间吗？上次要不是因为你，公司也不会损失那么大！"看着同事们窃窃私语，小刘头也不回地跑了出去。

想一想：为什么杨洁的批评没达到预期的效果，反而造成了不愉快的结局？该怎么说才能让小刘愉快地接受呢？

 任务解析

俗话说"良药苦口利于病，忠言逆耳利于行"。其实不然，职场中，直截了当的批评未必会收到好的效果，反而会激化矛盾，产生隔阂。批评也要讲究艺术，好的批评使人听了如沐春风，感觉舒服，由衷地接受；反之则会走向反面。如何让人愉快地接受批评，这就需要注意批评的方法和禁忌。本案例中，杨洁就是因为没有掌握好批评的技巧，造成了尴尬的局面。

本任务旨在让学生掌握批评的技巧和禁忌，把握批评语言的艺术性。

 **训练内容**

步骤1：批评的方法

每4~6人一组，想想看，批评的方法有哪些？

步骤2：批评要与表扬结合

每2人一组，分别扮演杨洁和小刘，角色互换，尝试用温和的语气，在批评时先赞美对方的优点，讨论一下，这样说有什么好处。

步骤3：用建议代替批评

每2人一组，分别扮演杨洁和小刘，角色互换，练习用善意的建议代替批评的话语。并比较哪一种说法更容易让人接受。

步骤4：批评的禁忌

每4~6人为一组，想想看，批评有哪些禁忌？

 知识链接

一、批评的技巧之"五要"

1. 要因人而异

要注意批评是为了帮助他人，而不是埋怨和泄愤，更不能批评对方抬高自己。所以出发点要真诚，语气要温和，但要因人而异。对年轻人，可以语重心长地直接批评；对于成年人，可以稍加提醒；下级对上级，晚辈对长辈，可以用自责的方式促使对方来反省自己的问题。

2. 要注意时机和场合

批评不但要因人而异，更要注意批评的时机和场合，当事双方如果都在气头上，此时批评不仅没有效果，反而易造成双方矛盾的加深。因为人在生气的时候，他的智商等于零。所以，要等到双方冷静之后，再采用恰当的方法来批评。

3. 要与表扬结合

美国著名的人际关系学家卡耐基说："矫正对方错误的第一方法——批评前先赞美对方。"赞美——批评——赞美，著名的"三明治"批评法是让人接受的妙方。

4. 要用幽默的语言

幽默的语言往往能营造出一种轻松的氛围。当你的员工、同事犯了错误或是做错了事情，用幽默的语言来说服他，比用严厉的批评、尖刻的嘲讽更能让人接受。比如你看到某位员工办公桌又脏又乱，想批评他，就这样说："××，你的桌子太干净了！"

5. 要用建议代替批评

用真诚的建议来代替严肃的批评。"你这样做会更好"比"你不应该这样做"更容易让对方接受。

二、批评的禁忌之"三不要"

1. 不要当众批评

批评最重要的是不要伤及对方的自尊心，尽可能避免在大庭广众前指名道姓地批评别人。否则不但达不到纠正错误的目的，还会有人身攻击之嫌。要选择适当时机单独进行。

2. 不要夸大其词

不要把错误夸大，也不要联系过去的错误，这样都会激化矛盾。

3. 不要人身攻击

对事不对人，不要把事件的错误上升到人格和性格的缺陷。

加油站

批评十二戒

一戒无凭无据，捕风捉影；二戒大发雷霆，恶语伤人；

三戒吹毛求疵，过于挑剔；四戒不分场合，随处发威；

五戒趁人不备，突然袭击；六戒清算总账，揭人老底；

七戒当面不说，背后乱说；八戒威胁逼迫，以势压人；

九戒以事论人，全盘否定；十戒嘴上不严，随处传扬；

十一戒反复批评，无休无止；十二戒一批了之，弃之不管。

 拓展训练

训练1：
情境模拟

案例重现，假设你是杨洁，在发现小刘的错误后，没有在当时批评她。中午在去吃午饭的路上两人相遇，你要怎么说才能达到最好的效果，让小刘愉快地接受批评呢？

实训要求：

（1）两人一组，角色互换。

（2）场景模拟要完整，充分考虑批评的技巧和禁忌，在交谈模拟中完成双方批评与接受的语言过程。

训练2：

案例分析

有一次，赵经理的一名女秘书调离别处，接任的是一位刚刚毕业的女大学生。新来的女大学生打字总是不注意标点符号，令赵经理很苦恼。有一天，赵经理对她说："你今天穿了这样一套漂亮的衣服，更显示了你的美丽大方。"那位女秘书突然听到老板对她的称赞，受宠若惊。于是他接着说："尤其是你这排纽扣，点缀得恰到好处。所以我要告诉你，文章中的标点符号，就如同衣服上的扣子一样，注意了它的作用，文章才会易懂并条理清楚。你很聪明，相信你以后一定会更加注意这方面的！"

从那以后，那个女孩做事明显地变得有条理了，也不再那么马虎，一个月后，她的工作基本上能令赵经理满意了。

实训要求：

（1）分组讨论，选出代表发表意见。

（2）如果你是那名女秘书，能否明白赵经理的用意，能否欣然接受批评？

（3）说说在这个案例中，赵经理的批评运用了什么技巧，好在哪里？

 任务评价

任务 19　评　价　表

被评价人＿＿＿＿＿＿＿＿＿

考核项目	评价标准	分值	自评	互评	得分
因人而异	能针对不同的人采用恰当的批评方法	20			
时机场合	能把握批评的时机与场合，不当众批评人	20			
结合表扬	运用"三明治"批评法	20			
运用幽默	运用幽默语言，效果明显	20			
提出建议	用建议代替批评	20			
总　分		100			
综合评价					

任务 20　婉　　拒

任务目标

1. 掌握常用而有效的婉转拒绝的方法；
2. 能根据不同场合、对象，选择恰当的婉拒方式；
3. 培养学生勇于在生活和工作中对自己意愿和能力之外的请求说"不"的真性情。

任务情境

随着工作能力和表现越来越突出，杨洁得到了部门领导李主任的重视，不时把一些重要工作安排给杨洁，她都愉快接受并出色完成了任务。但这一天的任务却让她犯了难，原来是关系公司的部门经理来访，让她负责晚宴的接待工作。一方面，接待重要客户是对自己的信任；另一方面，对酒精敏感的她向来滴酒不沾。她没有在会上直接拒绝，而是在会后来到李主任的办公室，说："主任，不是我不想去，我是怕我喝了酒变成了水煮螃蟹，影响公司形象，吓坏了客人。我保证安排好晚宴的其他事情，吃饭这个美差您还是另请高明吧。"李主任哈哈大笑，同意了她的建议。

想一想：为什么杨洁没有在会上直接拒绝？她后来拒绝的语言有什么特点和效果？除了拒绝，针对工作安排，她还说了些什么呢？

任务解析

初涉职场，许多新人为了让自己脱颖而出，获得大家的好感，总是尽可能地帮助别人做更多的事，对于别人的请求，即使不合理，心里不愿意，但嘴上却不好去拒绝别人。时间久了却发现，手里总有干不完的事，而本职工作却总是不能及时完成或是完成得不好。其实，生活中有许多事情，我们想帮忙也帮不上，不得不去拒绝，这时，我们就要学习拒绝的技巧了。因为，如果拒绝的方式不正确，很容易伤害别人的感情。尤其是在职场中，分寸拿捏得不好，很容易破坏好不容易建立起来的联系和信任。本案例中，杨洁就充分顾及了对方的感受，并运用了拒绝的语言技巧，做到了拒绝别人柔中带刚。

本任务旨在让学生掌握语言的技巧、把握拒绝的分寸，在和谐的氛围中达到拒绝的目的。

 **训练内容**

步骤 1：认真倾听，学会说"不"

每 2 人一组，互换角色，提出请求，并耐心听对方说完请求，对自己做不到的事情要说"不"。

步骤 2：婉拒的方式

每 4~6 人一组，想想看，婉言拒绝的方法有哪些？

步骤 3：婉拒训练

情境：一天晚上九点钟，你正在家里复习，准备参加明天单位的安全考试，你的同事小张到你家里来看球赛，你心里很不愿意，怎么办？

（1）不留情面地拒绝；

（2）委曲求全；

（3）委婉地拒绝。

每 2 人一组，互换角色，演示不同拒绝方法。

 **知识链接**

在人际交往中，常常会遇到这样的情况：别人向你提出某种请求而你却没法满足他，但又碍于关系或人情，不便直接回绝。这时，我们就要学习一些委婉而巧妙的回绝，让别人高高兴兴地接受你的拒绝。具体做法是：

一、认真倾听

认真倾听对方的要求，从中获取更多的信息，这是拒绝的前提。只有听清楚、听明白对方想让你做什么，你才能选择恰当的对策加以回绝。

二、婉拒的方法

1. 巧妙暗示法

换个说法，巧妙暗示，使对方知难而退或者不说自己的看法，而说其他人的看法。

2. 迂回曲折法

先顺其意，肯定对方的说法，再否定，说明不能答应的理由。如：总的来看，你的想法是好的，但是……

3. 比喻幽默法

在人际交往中，幽默具有妙不可言的功能。既能活跃气氛，又能化解矛盾。用比喻幽默的语言拒绝对方的要求，既显出自己的睿智，又免除了对方的尴尬。

案例

罗斯福当选美国总统之前，曾任美国海军部部长。一天，一位朋友向他打听海军在加勒比海的一个小岛上建立潜艇基地的计划。罗斯福想了想，然后向四周看了看，压低声音问他的朋友："你能保密吗？"对方信誓旦旦地回答："能"。罗斯福诡秘地微笑着说，"我也能！"听到这里，两个人不约而同地大笑起来。

4. 适当补偿法

在委婉拒绝别人要求的同时，想出其他的办法加以弥补。如：真对不起，这件事我实在爱莫能助了，不过，我可帮你做另一件事！

小提示

使用补偿法时要注意：一是提出的建议不会损害他人的利益。二是提出的建议确实能帮助他人解决实际问题。

5. 缓冲法

哦，我再和朋友商量一下，你也再想想，过几天再决定好吗？

三、婉拒的禁忌

1. 不要当众立刻拒绝

认真听完对方的请求，避免当众断然拒绝。否则别人会认为你很冷漠。

2. 不要轻易拒绝

在人际交往中，对于别人的请求总是轻易地拒绝的话，就会失去许多帮助别人，获得友谊的机会。

3. 不要盛怒下拒绝

人在盛怒下，往往是不理智的，容易在语言上伤害别人，所以，不要在盛怒下拒绝别人。

4. 不要生硬傲慢地拒绝

拒人于千里之外虽然免去了麻烦，但也隔断了日后别人帮助你的路。

小提示

婉拒要根据对方的身份、具体的情境来选择运用恰当的方法，当然也可综合几种方法，灵活运用。

 **拓展训练**

训练1：

情境模拟

下班时间到了，杨洁还是没有完成明天会议资料的整理准备工作，所以准备回家加班完成。就在这时，同事李雪又找到她，请她一定帮自己完成明天会议要用的部门计划书。面对请求，杨洁该如何婉拒，同时又得到同事的谅解呢？

实训要求：

（1）两人一组，角色互换。

（2）运用婉拒的技巧和方法，表明自己的态度，同时注意婉拒的禁忌，让对方能够理解。

训练2：

纠错训练

杨洁手里捧着一大沓会议资料，听到李雪的请求，当时就大声说道："什么？你没看见我手里的东西吗？总不能把我分成两份用吧！你怎么什么事都这么依赖别人！能不能自己独立一些啊，就这样吧，我走了。"看着同事们异样的眼光，李雪尴尬地走了。

实训要求：

（1）分组讨论，指定代表发表结论。

（2）指出杨洁拒绝时候的错误，并说说这样说有什么不妥。

 **任务评价**

任务20 评 价 表

被评价人＿＿＿＿＿＿＿

考核项目	评价标准	分值	自评	互评	得分
认真倾听	耐心听完，表示歉意	30			
婉拒方法	方法恰当，理由充分	40			
婉拒禁忌	避免生硬，当众拒绝	30			
总 分		100			
综合评价					

任务21 致 歉

 **任务目标**

1. 选择恰当时机，运用恰当的方法表达歉意；

2. 能够运用适当的语言技巧表达致歉的内容；

3. 培养学生善于反思自己、勇于承认错误的良好沟通心态。

 **任务情境**

　　由于上次拒绝不当，杨洁和小刘虽然在工作中有沟通，但一直感觉别扭，杨洁也很后悔自己的冲动，想找个机会向小刘正式道歉。碰巧这天，两人一起留在公司加班，杨洁觉得这是个好机会，就端着两杯热气腾腾的咖啡，来到小刘身边说："加班辛苦啦，来杯咖啡吧！看到你这么努力工作，我更为我那天的冲动后悔了。对不起，是我考虑不周，话说得太重了。你也让我重新思考了我的工作态度和方法，我以后一定改进。"小刘听了，也笑着说："我也有不对的地方，正想着跟你好好谈谈呢，既然这样，我们先把晚饭解决了吧！"就这样，两人愉快地并肩走出了公司。

　　想一想：杨洁在道歉之前做了什么准备工作？针对事情道歉后，她又说了什么，这对道歉有什么帮助？

 **任务解析**

　　职场中，无论是与上司、同事的交往还是与客户的沟通，都难免发生矛盾或误会，掌握致歉的语言技巧能有效化解这些人际交往中的"疙瘩"，取得对方的谅解，同时道歉可以赢得友谊、赢得尊重、赢得威信，从而建立良性的沟通循环。

　　道歉的技巧主要有直截了当的道歉，具体真诚的歉意，留出空白道歉和幽默道歉。本案例中，杨洁就是用真诚、恰当的方法成功化解了双方的矛盾。

　　本任务旨在让学生掌握致歉的方法和技巧，用真诚获得别人的谅解，维系良好沟通关系。

 **训练内容**

步骤1：致歉的方法

每4~6人一组，想想看，致歉的方法有哪些？

步骤2：致歉训练

情境：你和你的同事约好了时间去办事，结果你有事失约了，你该怎么办？

（1）直截了当的道歉：

每2人一组，互换角色，结合情境，做直截了当道歉练习。

（2）具体真诚的道歉：

每2人一组，互换角色，结合情境，先道歉，再说出错在哪。

（3）留出空白道歉：

每 2 人一组，互换角色，在真诚道歉后，留出时间倾听对方表述。

（4）幽默道歉：

每 2 人一组，互换角色，做幽默道歉训练。

步骤 3：致歉应注意的事项

每 4~6 人一组，想想看，什么情况下不易道歉？

 知识链接

人难免会做错事，特别是在职场工作中，如果做了错事，就会给企业或客户带来一定的影响，甚至会影响到未来的合作，因此，我们要学会致歉的技巧。

一、致歉的方法

1. 直截了当的道歉

开诚布公、真诚坦白地说"对不起""我错了"等话比拐弯抹角的解释更容易让人接受。

2. 具体真诚的道歉

首先要正确认识到自己的错误，不仅说出"我错了"，更要说出"错在哪"。

3. 留出空白的道歉

道歉不仅要自己说，更要留出时间倾听对方说，给对方发泄表达的机会。

4. 学会幽默的道歉

在具体致歉后，一句幽默的玩笑，如"我知道你一定很生气，看你的头发都已经炸起来了！"可以更好地"破冰"。

> **小提示**
>
> 　除了"说"出的道歉，一束花、一个短信、一份小礼物都是道歉成功的"好帮手"。

二、致歉的注意事项

1. 盛怒之下，不必立即道歉

盛怒之时，难免思想偏激、语言尖锐，可以等双方冷静下来，再寻找合适的时机。

2. 把道歉与解释分开

道歉必须独立存在，不道歉只解释都是在找借口，而非真诚道歉。

小提示

致歉忌"画蛇添足",道歉之后的"但是""不过"都是重新点燃战火的"导火索"。

 拓展训练

训练1：

情境模拟

由于路上意外出现交通事故造成堵车,你与客户约好的会议迟到了10分钟。到了约定地点,客户已经有些不耐烦,准备要走了。请你运用恰当的方法,表达歉意,让会议得以继续进行。

实训要求：

（1）两人一组,角色互换。

（2）运用致歉的语言技巧明确表达致歉的内容,顾忌对方的情绪变化,达到挽留客户、达成谅解的目的。

训练2：

实训竞赛

根据刚才的情境,运用道歉的方法,尝试说出更多种致歉的语句。

实训要求：

（1）分组讨论后,开始竞赛。

（2）每组每次派一名代表根据情境致歉,要求不能重复。

（3）采取淘汰制,最终致歉方法最多的一组获胜。

 **任务评价**

任务21 评 价 表

被评价人_____

考核项目	评价标准	分值	自评	互评	得分
致歉准备	时机恰当,引入道歉巧妙	30			
内容具体	有明确的致歉语句,说清自己错误的部分	40			
尊重诚恳	留给对方发泄的机会,对过错不解释、不掩饰	30			
总 分		100			
综合评价					

项目八　人际沟通技巧

> 为一件过失辩解，往往使这过失显得格外重大，正像用布块缝补一个小小的窟窿眼儿，反而欲盖弥彰一样。
>
> ——莎士比亚（英国杰出的思想家、作家、戏剧家，诗人）

 ## 项目概述

在现代职场中，我们每天都要进行人与人之间的互动。沟通是一门艺术，也是一项基本技能。有句老话说得好，"先学做人，再学做事"。如果不会人际间沟通，人际关系就会一团糟。反之，工作生活就会如鱼得水，得心应手。

本项目主要介绍人际沟通中的与上司沟通、与同事沟通、与客户沟通、与媒体沟通。通过本项目的学习，能够加深学生对人际沟通的了解，掌握人际沟通的方法、技巧，提高学生的人际沟通能力，为学生在职场中的长足发展构建良好平台。

 ## 项目分解

任务22　与上司沟通

任务23　与同事沟通

任务24　与客户沟通

任务25　与媒体沟通

任务22　与上司沟通

任务目标

1. 能够主动与上司沟通，了解上司；
2. 能够认清自己的位置，获得上司信任；
3. 能够领会上司意图，未雨绸缪；

4. 能果断接受上司指派的任务并用心工作；

5. 学会与上司进行工作以外的攀谈，让上司更了解自己。

任务情境

刘洋中专毕业后，一直在一家公司做办公室文员。办公室主任关姐是一个典型的女强人，交代问题三言两语，做事雷厉风行，刘洋十分佩服她。

这一天，办公室主任关姐安排刘洋做一份企划案，没有交代完成的时间。第二天，关姐向刘洋要企划案，刘洋还未完成。为此，关主任大发雷霆："你这个文员究竟是怎么当的？日程计划就在那放着，什么时候需要你不知道？连个企划案都不能按时完成，你一天到晚到底在干什么？"刘洋感到很委屈。

过了两天，刘洋要和关姐去外地开会，刘洋未经请示就安排公司派了车。一切安排妥当后，刘洋去向关姐汇报，谁知关姐说："我们去开会不用那么麻烦，坐火车就行。"

一路上，刘洋和关姐聊起了家常，原来，关姐家在外地，自己带着一个上幼儿园的女儿在这里工作。刘洋婉转地问起关姐的女儿，并说自己家离那所幼儿园很近，如果关姐晚上加班，可以把孩子交给自己照看。虽然关姐只是淡淡的致谢，但从此之后，对刘洋的态度，明显好了许多，偶尔几回，也将孩子拜托给刘洋照看。从此两人的关系拉近了，工作上的配合也更加融洽。

想一想：刘洋有错吗？如果你是刘洋，你以后会怎样与关姐相处呢？

任务解析

在职场中，与上司的沟通是办公室文员最经常、也是最重要的工作。想要与上司进行有效地沟通，不仅要有较强的语言表达能力，还要掌握与上司的沟通技巧。大部分的人都会感受到"伴君如伴虎"，于是乎，工作起来缩手缩脚，如履薄冰。其实并非这样，只要你掌握与上司的沟通技巧，工作起来就会得心应手，得到上司的赏识。

与上司沟通包括了解上司、领会上司意图等。刘洋之所以受到办公室主任训斥，就在于她没能掌握与上司沟通的技巧。

本任务旨在培养学生在职场中与上司沟通的能力；掌握与上司沟通的技巧；把握与上司沟通的时机和场合；依据上司所处的场合、心情和肢体语言，了解上司的意图；根据上司的日程安排，合理高效地完成指派的工作，让上司对自己加深了解，增进感情。

训练内容

步骤1：了解上司

每2人一组，想一想，在职场中，我们都需要了解上司哪些方面？刘洋应从哪些渠道了解关主任?

步骤 2:摆正位置,获得信任

每 2 人一组,讨论一下,文员在职场中处于什么位置?文员的工作职责有哪些?在上述的案例中刘洋哪里做错了?

步骤 3:领会上司意图

每 2 人一组,讨论一下,在上述案例中,关主任为什么没有交代需要企划案的时间?

步骤 4:用心工作

每 2 人一组,讨论一下,因为关主任没有交代企划案需要时间,所以刘洋没有完成企划案,这种提法对吗?

步骤 5:让上司了解自己

每 2 人一组,讨论一下,在职场中我们应该用怎样的方式方法让上司了解自己?刘洋用什么举动缓和了与关主任的关系?

 **知识链接**

一、了解上司

《孙子兵法》中说:"知彼知己者,百战不殆。"所以,了解上司是与上司沟通的第一步。对上司的了解主要包括下面几点:

1. 基本情况

文员要对上司的基本情况进行准确的了解。包括年龄、出生日期、民族、学历、性格特点、业余爱好、饮食习惯等,并要将这些基本信息熟记于心。

2. 工作范畴

文员要了解上司的工作范畴和职责,包括上司的工作内容、权限、上司的主管部门和分工。这样才能根据上司的工作需要,积极主动地做好沟通和准备工作。

3. 上司的性格特征和管理风格,如表 8-1 所示

表 8-1　上司的性格特征和管理风格

上司类型	应 对 方 法
自 信 型	圆满完成任务,不打乱工作计划,在上司满意的情况下,请教上司提出改进工作的方法
优柔寡断型	冷静对待工作任务,在对工作进行利弊分析的情况下,多做几种方案请示上司、谨慎地提出合理化建议
心思缜密型	不随便提出意见或建议,凡事要有成熟的方案才能向上司汇报
豪 迈 型	不用去猜上司的心思,尽量把事情想周全,办细致
实 干 型	做事脚踏实地,在独立优质地完成工作前提下展示自己的能力
多 疑 型	尽力取得上司信任,在日常工作中要做事谨慎,不说三道四

4. 上司的私人情况

在职场中，人与人的相处一般不涉及个人隐私，但要适当了解上司的私人情况，如家庭成员和朋友等。

> **小提示**
>
> 　　了解上司要把握分寸，不可涉及上司的私人生活，以免引起不快。

二、摆正位置，获得信任

作为文员，在工作中必须按上司的意图和要求行事，必须服从上司的指示，这就是文员的依从性。你要站在上司的角度思考问题、谋划工作，但绝不能越位，替上司拍板、作决断。

三、领会上司意图

善于领悟上司意图是与上司沟通的重要方面。作为办公室文员要主动请示某段时间的工作安排和需求，或者通过上司的会议讲话、工作部署等方面弄清上司的想法。这样工作就不会出现太大的偏差。

四、用心工作

用心工作就要认真对待每一件事。根据上司的日常安排和工作日程认真做好各项规划，不能"做一天和尚撞一天钟"，要用心用情地工作，才能取得事半功倍的效果。

五、让上司了解自己

办公室经常有人抱怨说，我为什么不能升职？加薪？这有可能是上司还不了解你。那我们该怎样做呢？你要结合自己的工作在适当的情况下向上司汇报你的个人情况。也可以在请教工作、公司聚会或与上司出席其他社交场合的时候，充分展示自我，用得体的言行举止让上司加深对你的了解。

> **小提示**
>
> 　　在与上司私下接触时，要注意自身的身份，把握分寸，选择适当的时机进行交谈。

 拓展训练

训练1：
把你的班主任或一位任课老师当成你的上司，从多种渠道了解"上司"，完成以下表格。

上司基本情况	姓名		联系方式	手机	
	职务			宅电	
	年龄			邮箱	
	民族		情趣爱好		
	毕业院校		家庭成员		
饮食习惯					
工作范畴					
主要职责					

训练2：

情境模拟

人物介绍：李肖，男，回族，市场部主任。张彤，女，汉族，办公室文员。

市场部为了奖励员工，制定了一项奖励计划——安排全员聚餐并计划去韩国旅游（名额限定为10人，员工有12人）。但是市场部所有人都想参加，人员选择存在困难。李主任安排张彤负责聚餐安排及人员筛选。

如果你是张彤你会怎样做？每2人一组进行情境模拟。

 任务评价

任务22　评　价　表

被评价人_____

考核项目	评价标准	分值	自评	互评	得分
了解领导	能够了解领导的基本信息，性格和工作职责	20			
摆正位置	能服从上司指示，按要求做事	10			
	做到不越位，不替上司做决定	10			
领会意图	能根据上司安排提前做准备	10			
	能通过工作细节了解上司想法	10			
用心工作	能认真做好每一件工作	10			
	做事细心负责	10			
展示自己	能主动向上司展示自己，说出自身优势	10			
	能通过特殊场合适当表现自己	10			
总　分		100			
综合评价					

任务 23　与同事沟通

任务目标

1. 能够做到彼此尊重；
2. 能够融洽双方关系；
3. 能够把握分寸，分享成果；
4. 能与不同类型同事沟通。

任务情境

王琳出生在一个条件优越的家庭，个性鲜明，穿着时尚。毕业后，她来到一家小企业做办公室文员，她看不起那些穿着老土，天天总是讨论柴米油盐的同事们。所以工作以来她从不与同事交流，也从来不参加单位活动。她只管完成自己的工作，期待有一天能受到提拔。

这一天，公司召开员工大会，在大家等待总经理到来之前，有一位同事觉得地板有些脏，便主动拖起地来。而王琳却不关注，一直站在阳台旁边。突然，王琳走过来，坚持拿过同事的拖把替他拖地。本来地已差不多拖完了，根本不需要她的帮忙。可王琳却执意要求，那位同事只好把拖把给了她。刚接过拖把不一会儿，总经理推门而入。总经理见王琳在勤勤恳恳地拖地，微笑地表示赞扬。

王琳这种虚假的面孔被同事知道了，在公司的人际关系越来越差了。不久，王琳便辞职离开了公司。

想一想：王琳哪里做得不对？怎样与同事沟通才是正确的？

任务解析

一直以来，如何与同事沟通都是办公室工作的中心内容，那些善于处理同事关系，巧妙赢得同事支持的人总能在办公室中安然生存，心情愉快地工作；而那些自命清高，不屑或者根本不会与同事"周旋"、来往的人，则免不了工作不顺畅。想在工作中得心应手，就要学习掌握同事间沟通的学问。

与同事沟通包括彼此尊重，融洽关系，掌握沟通的技巧等相关知识，造成王琳辞职的原因就是她不能与同事进行有效沟通。

本任务旨在培养学生在职场中与同事沟通的能力，掌握与同事沟通的技巧，拿捏好与同事沟通的分寸，在尊重他人的前提下主动、坦诚地交流想法和意见，快速地和同事打成一片，从而建立融洽的同事关系。

 训练内容

步骤 1：尊重他人

每 4~6 人一组，想一想，在职场中，我们怎样做到尊重他人呢？王琳做到尊重同事了吗？

步骤 2：融洽关系

每 4~6 人一组，讨论一下，想要快速和同事打成一片，我们应该怎样做？在上述的案例中，王琳从不参加公司活动，这样做对吗？

步骤 3：把握分寸，分享成果

每 4~6 人一组，讨论一下，在上述案例中，王琳做的哪件事让同事都讨厌她？

步骤 4：与不同类型同事沟通

每 4~6 人一组，讨论一下，如果你的班级就是一个小职场，同学就是你的同事。那么，你身边有哪几种类型的人呢？你该怎样与他们沟通呢？

 知识链接

一、尊重他人

身在职场的人都会感觉到，自己待人的态度往往决定了别人对自己的态度，因此，你若想获取他人的好感和尊重，首先必须尊重他人。尊重是建立良好同事关系的前提。

（1）倾听同事说话，重视同事意见；

（2）尊重同事的劳动；

（3）尊重同事的隐私。

二、融洽关系

办公室文员的主要工作就是上传下达，协调配合。如想快速地融入你的群体，就不能太沉浸在自己的世界中，要主动、坦诚地交流你的想法和意见，与同事达成共识，和同事打成一片，建立融洽的同事关系。

（1）以工作大局为重，多做事，少拆台；

（2）对待分歧，存小异，求大同；

（3）对待名利，要保持平常心态；

（4）发生矛盾时，要宽容忍让，学会道歉。

三、把握分寸，分享成果

有人把同事关系比喻成两只刺猬，想靠在一起却又怕靠得太近伤害对方，只有在双方的默契之下寻求一个恰当的距离。

同事之间有合作，有竞争。合作是为了工作进步，但竞争也是进步的动力。竞争的后果也会有利益的冲突，所以，同事之间因为利益冲突引起的纠纷屡见不鲜。这就使得同事间话题不能过于随便。如：抱怨对公司、对上司、对同事的不满；提前散布公司的决策等。把握话题的层面，注意谈话的尺度，这既是保护自己，也是保护同事，避免日后的麻烦。

合作是做好一项工作的基础，取得成绩之后，要共同分享，切忌处处表现自己，将成果占为己有。给他人提供机会对于处理好人际关系是至关重要的。工作中当别人遇到困难、挫折时，伸出援手，给予帮助。那么，当您自己遇到困难的时候也会得到回报。

小提示

与同事沟通的注意事项

1. 与同事沟通时，要使用礼貌用语。如"请""谢谢""劳驾"等。
2. 开玩笑注意对象和场合，不过度，不与长者和不熟悉的同事开玩笑。
3. 不可挖苦、讽刺、嘲笑同事。
4. 与异性同事相处时，要保持距离，拒绝亲密接触。

四、与不同类型同事沟通

花开别样红，人有各不同。公司里有人平易近人，有人不易相处。想要与同事良好沟通，就需要因人而异，学会与不同类型的同事打交道，如表 8 - 2 所示。

表 8 - 2 与不同类型同事沟通

同事类型	特 点	应 对 方 法
死板型	缺乏热情，办事教条	工作认真，热情对待，找到切合点，不急于求成
傲慢型	性格高傲，出言不逊	高质高效完成工作，适当赞赏，逐渐接触
狡猾型	喜欢不劳而获，推脱责任	有所防范，明确工作职责，做好工作记录
竞争型	竞争意识强，咄咄逼人	适当退让，相互学习，请教经验，适当挫其锐气
是非型	爱搬弄是非，嚼舌根	减少一起聊天、交换信息，少发表看法
奉承型	阿谀奉承，媚上欺下	幽默对待，认真做好本职工作

 拓展训练

训练1：

案例分析

张华性格比较内向，不太喜欢和同事们一起说笑，但是，他是位兴趣爱好非常明显的人。他对军事武器颇有研究，喜欢在网上关注这方面的信息，或查找有关这方面的图片，对这方面的消息了如指掌，说起来津津乐道。很多同事对他这方面的爱好表示赞赏，可是有一位同事刘风，表示很不能理解，军事武器对普通人来说是多么的触手不及。闲暇之时，张华在网上找这方面的资料时，刘风冷嘲热讽地说："我们这里出了军事专家啦，待在这真是浪费人才了，应该向布什申请个职位嘛。"张华听后，觉得自己的人格尊严受到了侵犯，两人大吵了起来。

案例中张华错在了哪里？刘风有错吗？你认为怎样做才正确？

训练2：

情境模拟

吉利广告公司两大部门策划部和市场部负责人李响和吴倩是大学同学。上学的时候两人就是竞争对手，工作中也难免会存在竞争。

最近因为一个广告项目，李响对吴倩有意见，但他不向吴倩当面讲，却和自己的部门员工讲，以至于公司上上下下都知道，偏偏吴倩一个人不知道。而就算吴倩知道李响对她有意见，她也不能直接去问李响是不是对她有意见，因为一问就会自讨没趣。最后，吴倩也说李响的坏话。于是大家都知道他们之间有矛盾。当总经理过问此事时，两人又一致否定这些事，并说两个人合作很好，个人关系也不错。但在工作中，两人还是会想办法拆对方台。

（1）李响和吴倩错在了哪里？

（2）如果你是他们中的一位，你会怎样做？每2人一组，进行情境模拟。

 任务评价

任务23　评　价　表

被评价人_____

考核项目	评价标准	分值	自评	互评	得分
彼此尊重	能表现出对同事的尊重	10			
	对同事隐私做到不传播，不谈论	10			
融洽关系	能够以大局为重，不争名夺利	10			
	发生矛盾时，能容人，主动道歉	10			

续表

考核项目	评价标准	分值	自评	互评	得分
把握分寸	谨慎选择话题，注意谈话分寸	10			
	能够与同事分享劳动成果	10			
	同事遇到困难时主动帮助	10			
沟通技巧	能针对同事的性格选择相处方式	30			
总　分		100			
综合评价					

任务 24　与客户沟通

 **任务目标**

1. 能够了解客户；
2. 能热情礼貌地接待客户；
3. 能换位思考，满足客户需求；
4. 能建立和保持友好的客户关系。

 **任务情境**

王灿是某公司办公室文员。这几天办公室主任出差了，刚刚打电话说晚上有个合作多年的客户要到本市，让王灿按老规矩安排客户的食宿。但王灿对客人的基本情况根本不了解，电话里又不便多问。晚上，王灿接到客人后把客人安顿到公司附近的小宾馆就回家了。第二天，王灿无精打采，正在这时，昨天的客户来访，王灿勉强应酬着。客户以礼相待，双手递上自己的名片，王灿单手接过，随便放在办公桌上。客户提出想要与主任联系，王灿却说主任出差还不知道什么时候回来。客户忍无可忍，起身就要离开。正在这时，主任急匆匆地进来，双方一见面很是亲切，但客户脸上还是有些不悦。两人聊了几句，客户便离开了。主任亲自送走客人后对王灿说："得知这个客户到访，我就急忙赶了回来，我们公司最近的这个项目就靠他了，但我怎么看他不太高兴呢？"

想一想：王灿做的哪些地方不妥？这次的合作项目会不会因为本次来访受到影响呢？

 **任务解析**

文员在与客户的每次接触中，都在传递着许多信息，客户是否愿意继续保持友好往

来，很大程度取决于你是否有能力与他们进行明确、积极、成功的沟通。因此，与客户的有效沟通是文员对外工作中最为重要的技能之一。

与客户沟通包括了解客户、接待客户、满足客户需求、建立良好客户关系等。王灿差一点毁了公司的生意，就在于她没能掌握与客户沟通的技巧。

本任务旨在培养学生在职场中能够足够了解客户，热情地接待客户；学会与客户沟通过程中的换位思考，体恤客户的难处；能够在条件允许的情况下对客户伸出援手，尽量满足客户需求。培养学生学会建立良好客户关系的能力。

训练内容

步骤 1：了解客户

每 2 人一组，想一想，王灿在不了解客人的基础上，接待安排客户这种做法对吗？我们需要了解客户的哪些方面？通过什么途径了解客户？

步骤 2：热情礼貌地接待客户

每 2 人一组，讨论一下，上述案例中，王灿对于客户来访是怎样面对的，这样做合适吗？你认为正确的做法是什么？为什么？

步骤 3：满足客户需求

每 2 人一组，讨论一下，案例中，王灿有没有满足来访客户的需求？这样做会给公司带来影响吗？

步骤 4：建立和保持友好的客户关系

每 2 人一组，讨论一下，职场中，有没有必要与客户建立友好的关系？这样做会给你和你的公司带来什么结果？

知识链接

一、了解客户

客户信息是客户分类的基础，又是与客户沟通的基础，也是客户满意的基础。作为文员，首先，应该了解有关客户的一些基本信息，包括其姓名、性别、年龄、电话、所属单位、职务等；其次，针对合作关系的密切程度，还要了解客户的家庭成员、爱好等私人情况。当你面对客户时，能够准确、亲切地叫出其姓名或者头衔，就会立即拉近你与客户的距离。

获取客户信息的方法：

（1）大多数客户信息资料来源于客户自身的描述。

（2）少部分客户信息资料是在与客户合作交谈过程中归纳总结出来的。

（3）从上司与客户的来往频率、上司对客户的重视程度方面收集客户信息。

（4）从互联网上收集、提取客户信息资料。

（5）通过报纸、杂志、电视等大众传媒获得客户信息。

二、热情礼貌地接待客户

热情是服务的根本。在客户打电话或者上门拜访的时候，接待的文员要注意热情迎客，礼貌待客。真诚的微笑不仅能向客户表明您的友好态度，还有助于您保持积极的心态。切记不要对客户冷言冷语，也不要把客户推来推去。

在接待客户时，可以选择恰当的沟通方式来迎合客户。这样做会让客户感到十分亲切。当您的沟通方式与客户格格不入，客户往往会非常失望。例如，一位客户打电话非常认真地询问他订购的货品为什么还未送到，如果您心不在焉地处理这件事，客户会认为您对他漠不关心。如果您能做到急客户之所急，客户会认为您真的是设身处地为他们着想，这样有利于建立友好的客户关系。

三、满足客户需求

当客户向您提出问题、请求帮助或出现其他情况时，您能为其解决困难，提供帮助。

当您遇到对服务不满意的客户时，即使您不同意他们的观点，您也应尽可能对他们表示理解和同情。

当客户提出某种要求，而你没有能力解决或者不在你的工作范畴时，不要轻易拒绝，而要积极寻找其他解决方法或请他人帮助。

四、建立和保持良好的客户关系

客户关系的建立阶段好比是企业与客户的"相亲""恋爱"阶段。繁杂细致的文员工作就是这个阶段的催化剂。保持良好的客户关系能够促使企业与客户修成正果。我们可以通过建立客户档案、传递对客户有用信息、经常保持联络等方法建立和保持良好的客户关系。

 拓展训练

训练 1：

建立客户档案

选择三位你的任课老师，把他们当成你的客户，多方面了解"客户"，建立客户档案。

客户 基本 情况	姓　名		联系方式	手　机	
	性　别			邮　箱	
	年　龄			QQ 号	
	民　族		情趣爱好		
	职务		工作单位		
单位地址					
单位简介					
合作项目					

训练 2：

案例分析

　　我市某企业要与北京一家公司洽谈合作。一天，北京方面派两名代表到访。一是考察一下这个企业的实力，二是了解这个企业的企业文化和人文环境。张倩和周婷主要负责本次接待工作。当周婷把客人迎进会议室时，企业领导都上前迎接以表示欢迎，而张倩就在一旁坐着。周婷一一介绍领导后，把张倩介绍给客人，这时，张倩才起身和客人打招呼，此时客人面有不悦。周婷一看，赶紧为客人送上一杯水，有礼貌地说："旅途劳顿，请先喝点水，休息一会再谈不迟。"这才缓解了客人的情绪。洽谈过程中，周婷积极、认真地做好服务工作，双方的洽谈在愉快的氛围中圆满结束。洽谈结束后，客人主动递给周婷一张名片，周婷面带微笑地双手接过名片说："能与贵公司合作很荣幸，以后我的工作还会涉及我们双方的合作，请您多指教。"

　　想一想：周婷和张倩谁在与客户沟通的过程中做得更好？如果你也遇到同样的问题，你会怎么做？每 5 人一组，分角色扮演模拟此情境。

 任务评价

任务 24　评　价　表

被评价人_____

考核项目	评价标准	分值	自评	互评	得分
了解客户	能够了解客户的基本信息，并能准确运用	20			
礼貌待客	能够礼貌接待，热情招待客户	15			
	能够在接待过程中以客户为主	15			

续表

考核项目	评价标准	分值	自评	互评	得分
满足客户需求	在客户遇到困难时能及时为其提供帮助	15			
	做到不轻易回绝客户，能寻找其他途径为客户结局困难，让客户满意	15			
建立客户关系	能根据客户信息建立客户档案	10			
	能通过多种手段与客户适时沟通	10			
总　分		100			
综合评价					

任务 25　与媒体沟通

任务目标

1. 能正确认知媒体；
2. 能平等善待媒体；
3. 能为媒体提供信息服务；
4. 能妥善处理突发事件。

任务情境

国庆节是公司十周年庆，公司对这次庆典十分重视，强调让宣传部一定做好这项工作。宣传部主任嘱咐文员刘淼负责邀请新闻媒体，并且一定要把当地知名媒体单位的人请来，因为这是宣传公司的好机会。但是刘淼从没有与任何媒体有联系，于是上网搜寻一下，找到了几个电话号码。刘淼给几家新闻单位的人打电话，请他们国庆节这天大驾光临，结果，大部分答复都是模棱两可。经过刘淼的再三恳求，只有少部分答应参加。

庆典当天，热闹非凡，公司下大力度搞宣传。可是当地的知名媒体单位来的却寥寥无几，正当刘淼犯愁时，进来几位记者，刘淼立即上前迎接。当得知来人只是几家小报和网站记者时，刘淼面带失望地把他们安排到观众席。庆典过程中也再没有与他们沟通。庆典结束后，记者们悻悻离去。主任非常生气地批评了刘淼，因为与媒体沟通不顺畅给公司带来很大遗憾，错失了宣传公司的大好机会。

想一想：在与媒体沟通的过程中刘淼哪里不对？公司错失宣传机会是由刘淼哪些行为造成的？

任务解析

为适应时代发展要求，作为文员也需要努力提高与媒体打交道的能力，充分发挥媒体凝聚力、推动力的积极作用。通过媒体帮助你的公司创造财富，树立良好的企业形象。学会与媒体打交道是文员工作的新课题，文员要注重媒体对于公众的影响，不但需要理解和沟通，更需要在公司发生危机时，采取适当的方式方法与媒体进行沟通。

与媒体沟通包括正确认知媒体，平等对待媒体，能为媒体提供信息服务，具有处理突发事件的能力等。公司庆典因为刘淼的失误而留下遗憾，是因为刘淼没能掌握与媒体沟通的技巧。

本任务旨在培养学生在职场中与媒体沟通的能力；能够正确认知媒体类型，熟知媒体信息，在与媒体沟通过程中一视同仁，平等对待；能够掌握与媒体进行有效沟通的技巧；懂得建立长期媒体关系的重要性，在公司有突发事件或负面新闻时能够正确使用媒体为公司解围。

训练内容

步骤 1：正确认知媒体

每 4～6 人一组，想一想，刘淼在邀请媒体单位的时候，是否有针对性地进行选择？他在没有任何来往的情况下邀请媒体参加公司庆典，会遇到阻碍吗？为什么？

步骤 2：平等善待媒体

每 4～6 人一组，讨论一下，上述案例中，刘淼是怎样接待来参加庆典的记者们的，这样做合适吗？你认为正确的做法是什么？为什么？

步骤 3：为媒体提供信息服务

每 4～6 人一组，讨论一下，案例中，刘淼在整个庆典活动中与来访媒体没有任何沟通，也没有为媒体提供任何有关庆典的信息，这样做对吗？你认为刘淼应该为媒体提供哪些信息服务呢？

步骤 4：妥善处理突发事件

每 4～6 人一组，讨论一下，文员在公司发生突发事件时，应该怎样与媒体沟通？

知识链接

一、正确认知媒体

俗话说，知己知彼，百战不殆。正确认知媒体包括：

（1）充分了解媒体资源，掌握企业对应领域的媒体及媒体人信息。

（2）要熟悉媒体类型、熟悉媒体特点、熟悉媒体栏目或品牌节目。

> **小提示**
>
> 通过企业的新闻发布会、独家专访、群访、媒体体验活动、座谈会等沟通方式与媒体建立联系。企业与媒体相互理解，相互支持，才是保持建设性长久关系的良策。

二、平等善待媒体

媒体无大小，新闻无小事。在网络时代的今天，新闻炒作充斥着我们的生活，即便是一家小网站发布了一条新闻，网上也会立刻传播开，其他媒体也可能会一窝蜂地跟进。这种情况下，我们必须要善待媒体。做到热情接待，有礼有节，及时帮助他们解决在采访中遇到的困难和问题。

> **小提示**
>
> 互联网的迅速发展使得小报报道的小新闻转变成主流媒体报道的大新闻的事件屡见不鲜，媒体一定要平等对待！

三、为媒体提供信息服务

文员在各种场合与媒体接触，都是公司形象的代表。在与媒体沟通时，要注重为媒体提供信息服务。内容如下：

（1）协助做好新闻策划。

（2）针对采访内容拟定采访提纲。

（3）帮助媒体整理素材。

（4）媒体活动中规划媒体采访区。

（5）主动为媒体提供企业动向、典型事例等新闻线索。

四、妥善处理突发事件

在与媒体沟通的过程中，没有约定俗成的一套规律和标准，但一定要与媒体保持友好关系，忌讳"临时抱佛脚"。但是，当企业发生突发状况时，与媒体沟通也应掌握一些要领。

1. 要实事求是

任何事情都不要向媒体撒谎。如果企业做得不好，要实事求是地承认过错。

2. 要避免不必要的失误

不要被媒体激怒，不要打骂媒体人，在企业没有统一定论时，不要阐述个人观点，不要节外生枝，不要贿赂记者等。

总之，作为企业的一员，要尽快让负面影响平息，尝试把坏事变成好事，在与媒体沟通中借机传播和宣传企业。

> **小提示**
>
> 实事求是、真诚相待是博得媒体谅解，获得媒体帮助的法宝。

 拓展训练

训练1：

媒体沟通模仿

经济贸易学校邀请毕业生刘洋回母校为在校学生讲述成功创业的典型事迹。为此，需要邀请媒体参加并进行报道。如果由你来负责邀请新闻媒体，你会怎样做？请完成下列表格。

沟通前准备			
沟通目的			
邀请人数		确定参加人数	
参加媒体单位			
沟通记录			

训练2：

香港一著名影星来北京参加首映礼，因为影迷众多，为了不让影迷失望，他坚持尽量与每位影迷合影留念，因为耽误了时间，他不得已取消了事先安排好的媒体见面会。第二天，就有媒体报道说他要大牌，不把媒体放在眼里，随后网络上也出现相关报道，甚至有人呼吁封杀他。而你作为这位著名影星公司媒体公关部的一员，你该怎样应对这些媒体？怎样处理此次事件？

 **任务评价**

任务 25 评 价 表

被评价人_____

考核项目	评价标准	分值	自评	互评	得分
认知媒体	能够掌握媒体分类、媒体主要栏目及媒体人信息	20			
平等对待媒体	能平等对待媒体，不分高低贵贱	20			
为媒体提供信息	能够协助媒体作好新闻策划、资料整理等信息服务	10			
	能设立媒体采访区，便于媒体采访	10			
	能主动与媒体沟，通加强联系	10			
妥善处理突发事件	能在与媒体沟通过程中，坚持实事求是，不撒谎，不隐瞒	10			
	能够与公司保持一直，不随意发表个人意见	10			
	能正确对待媒体，不能行动过激，不能贿赂媒体	10			
总　分		100			
综合评价					

参考文献

[1] 刘平. 商务礼仪. 北京：中国财政经济出版社，2008

[2] 许宝良. 商务礼仪. 北京：高等教育出版社，2013

[3] 徐克美. 商务礼仪与公关. 北京：高等教育出版社，2008

[4] 李洪勇，李聪聪. 礼仪全攻略. 北京：清华大学出版社，2010

[5] 杨梅. 商务礼仪. 北京：中国商业出版社，1997

[6] 姜文刚. 卓越员工职场礼仪. 北京：北京工业大学出版社，2013

[7] 陈静. 职场礼仪一本通. 北京：外文出版社，2012

[8] 夏志强. 商务礼仪. 北京：经济管理出版社，2011

[9] 杜明汉. 商务礼仪：理论、实务、案例、实训. 北京：高等教育出版社，2010

[10] 陈桃源，朱晓蓉. 职场沟通与交流能力训练教程. 北京：高等教育出版社，2011

[11] 刘凤芹. 沟通能力训练. 北京：科学出版社，2010

[12] 詹姆斯·S. 奥罗克. 管理沟通. 康青译. 北京：中国人民大学出版社，2011

[13] 石磊编著. 倾听胜于言谈. 北京：中国财富出版社，2012

[14] 马克·郭士顿. 只需倾听. 苏西译. 重庆：重庆出版社，2010

[15] 张岩松，刘晓燕. 现代营销礼仪. 北京：清华大学出版社，北京交通大学出版社，2012

[16] 刘克芹，白东蕊. 现代社交礼仪. 北京：中国铁道出版社，2010

[17] 刘秀丽. 职业礼仪. 北京：中国铁道出版社，2011

[18] 张朝辉. 礼仪. 北京：高等教育出版社，2011

[19] 陆纯梅，范莉莎. 现代礼仪实训教程. 北京：清华大学出版社，2008

郑重声明

高等教育出版社依法对本书享有专有出版权。任何未经许可的复制、销售行为均违反《中华人民共和国著作权法》，其行为人将承担相应的民事责任和行政责任；构成犯罪的，将被依法追究刑事责任。为了维护市场秩序，保护读者的合法权益，避免读者误用盗版书造成不良后果，我社将配合行政执法部门和司法机关对违法犯罪的单位和个人进行严厉打击。社会各界人士如发现上述侵权行为，希望及时举报，本社将奖励举报有功人员。

反盗版举报电话 （010）58581999　58582371　58582488

反盗版举报传真 （010）82086060

反盗版举报邮箱 dd@hep.com.cn

通信地址 北京市西城区德外大街 4 号　高等教育出版社法律事务与版权管理部

邮政编码 100120

防伪查询说明

用户购书后刮开封底防伪涂层，利用手机微信等软件扫描二维码，会跳转至防伪查询网页，获得所购图书详细信息。也可将防伪二维码下的 20 位密码按从左到右、从上到下的顺序发送短信至 106695881280，免费查询所购图书真伪。

反盗版短信举报

编辑短信"JB，图书名称，出版社，购买地点"发送至 10669588128

防伪客服电话

（010）58582300

学习卡账号使用说明

一、注册/登录

访问 http://abook.hep.com.cn/sve，点击"注册"，在注册页面输入用户名、密码及常用的邮箱进行注册。已注册的用户直接输入用户名和密码登录即可进入"我的课程"页面。

二、课程绑定

点击"我的课程"页面右上方"绑定课程"，正确输入教材封底防伪标签上的 20 位密码，点击"确定"完成课程绑定。

三、访问课程

在"正在学习"列表中选择已绑定的课程，点击"进入课程"即可浏览或下载与本书配套的课程资源。刚绑定的课程请在"申请学习"列表中选择相应课程并点击"进入课程"。

如有账号问题，请发邮件至：4a_admin_zz@pub.hep.cn。